Jesus Cristo no Cinema

Jesus, Um Americano: Rei dos Reis/ King of Kings Nicholas Ray, 1961.

Volume 6

Luiz Vadico

Jesus Cristo no Cinema

A coleção **Jesus no Cinema** traz um panorama sobre os mais importantes filmes do assunto. Cobrindo um período de tempo entre 1896 e 2004, ela demonstra como ocorreram as diversas transformações relativamente à imagem de Jesus Cristo. Como a sociedade aceitou as transformações? Quem foram os responsáveis? Como lidamos hoje com essa imagem?

Planejada em treze volumes, seguindo a ordem cronológica dos primeiros aos últimos filmes, a coleção se inicia com um texto introdutório, importante para a compreensão do todo do trabalho. Os diversos volumes poderão ser comprados separadamente, pois são independentes entre si. Uma leitura fascinante.

A coleção surge respaldada na tese de doutorado do prof. Dr. Luiz Antonio Vadico, defendida na Unicamp (2005), um dos principais pesuisadores da área no país. Sendo um trabalho de fôlego, originalmente com cerca de novecentas páginas, a forma de vários volumes permitiu pela primeira vez a sua publicação e manuseio adequado pelo público. Uma obra destinada a todos os interessados. De fácil compreensão, correta e necessária.

Sumário

Jesus, Um Americano: Rei dos Reis/ King of Kings - Nicholas Ray, 1961.

Introdução

    King of Kings, de 1961, é um dos filmes mais conhecidos do gênero, ele praticamente dispensa apresentação. Poucas pessoas não o viram, e bem menos ainda jamais tomou contato com alguma coisa deste filme, como: imagens de Cristo (Jeffrey Hunter), a trilha sonora, etc. Pois, apesar de todas as críticas que sofreu em seu lançamento é bastante popular até hoje. Apenas dizer que é popular, não dá a adequada dimensão da sua importância para a construção da imagem cinematográfica de Jesus. Poderíamos dizer sem muita dúvida de que a sua relevância é inversamente proporcional à chuva de críticas que recebeu e que ainda hoje vêm sendo tolamente repetidas.

    Afirmar também que *King of Kings* é uma obra-prima do cinema também não chega a ser uma verdade. Este filme surge como um documento importante, nele se registra a melhor tentativa feita até então de se transformar Jesus Cristo numa personagem de cinema, nele se ousou realmente adaptar a estória de Jesus. Esta adaptação atingiu níveis antes nunca alcançados ou até mesmo cogitados. A estória sofreu decisivos enxugamentos até mesmo em suas partes mais tradicionais como *A Anunciação* e *O Nascimento*, sendo que é um dos poucos filmes a terem dispensado o anúncio do nascimento. Ninguém antes dele havia feito isso[i]. E a sua qualidade maior se define exatamente por este "ninguém havia feito isso antes".

Praticamente todos os críticos de cinema aqui citados, como: Tatum, Baugh, Stern, Kinnard e Davis, Jon Solomon, etc., analisam-no do alto da década de 90, a partir de cadeiras universitárias ligadas a instituições religiosas de ensino, e, só possuem em sua mente uma única estória válida sobre Jesus Cristo, a deles. No entanto, o fato dos analistas em geral terem absorvido o conteúdo e a forma da crítica daquele período (década de 60) em relação ao filme de Nicholas Ray, não os dispensaria de saber, ou no mínimo procurar saber, o que este filme tinha tanto de original que não fosse a famosa frase da crítica dizendo: *"Eu fui um Cristo teenager"*. Assim rotulado, ele vem sendo passado de mão em mão pelos pesquisadores sem se conseguir dizer nada mais de produtivo do que repetir que ele teve um impacto negativo nas esferas religiosas da época. A quantidade de vezes que li a opinião de Moira Walsh fez com que uma simples repórter de um jornal religioso de tendências teológicas, que é o que ela era, fosse alçada à condição de *"importante teórica de cinema"*[ii].

Deve-se ter algo mais a dizer sobre um filme que mais de quarenta anos depois ainda está aí, sendo veiculado insistentemente, sendo relançado várias vezes, tendo reedições de luxo, tanto o filme em DVD quanto a sua trilha sonora em CD. Por causa desta estanha durabilidade, que não foi gozada por outros filmes, inclusive o super citado e bem amado da crítica o *Evangelho Segundo Mateus* de Pasolini, até a pouquíssimo tempo sem versão para o as vídeo-locadoras brasileiras. *King of Kings* merece que se pense e que se saiba sobre a sua contribuição para a constituição da narrativa da estória de Jesus e da formulação da psicologia dessa personagem no cinema.

Nele não apenas se construiu uma imagem Cristológica, como também se a amparou com recursos históricos e teológicos, possibilitando-lhe um pleno desenvolvimento. Antes dele, e talvez esta seja a única comparação válida entre estes filmes, apenas *The King of Kings*, de 1927, havia elaborado de forma bem amarrada uma imagem Cristológica através do cinema. A ousadia desta elaboração é que o define.

Um filme tocado a muitas mãos

Algo bastante perceptível em *King of Kings* é a extrema dificuldade de se mapear entre todos os que nele trabalharam qual foi a influência mais marcante. Barnes Tatum, chama-o de *"King of Kings de Bronston"*[iii], pois reconhece que Nicholas Ray não teve direito ao corte final do filme. Sendo, inclusive inseridas algumas cenas a mais, por insistência da MGM, que iria distribuir o filme nos Estados Unidos, gravadas pelo diretor Charles Walter.

Comecemos pelo produtor. Samuel Bronston, de origem romena, realizou parte da sua carreira nos anos 40, quando foi trabalhar na unidade francesa da MGM, após sua graduação na Sorbonne. Tornou-se produtor independente em meados dos anos quarenta, mas suas realizações não se tornaram conhecidas e nem se distinguiram por grandes méritos, assim foi até os anos cinqüenta. Nesta década ele acabaria se distinguindo por se tornar um pioneiro na indústria cinematográfica. Foi o primeiro a montar estúdios fora de Hollywood, numa escala épica, para produzir para o mercado americano. O motivo principal eram os custos, impostos americanos e um forte sindicato dos técnicos e atores de cinema, que encareciam as produções com as suas múltiplas exigências. Montou seu estúdio na Espanha, e em suas produções contratava as estrelas de Hollywood, mesclava-as com algumas da Espanha e engrossava as fileiras de seus filmes com um número excepcional de extras, coisa que naquele período já não seria algo tão barato nos Estados Unidos.

Pouco tempo após a morte de Cecil B. DeMille, em 1959, Bronston[iv] anunciou o seu desejo de filmar uma vida de Jesus nos padrões da tradição de harmonização entre os vários textos, estabelecido por aquele diretor em *The King of Kings*, em 1927. Ele conseguiu envolver a MGM no projeto e assim obteve um orçamento de oito milhões de dólares, o que não era nada desprezível. No mesmo ano, enquanto rodava *King of Kings* o dinâmico produtor filmava *El Cid*, versando sobre um herói espanhol do séc. XI que se notabilizou na luta contra os mouros e que se tornou um grande sucesso de público. Ele seria responsável por outros grandes sucessos na década de 60 como: *55 Days at Peking* (1963), *Circus World* (1964) e *The Fall of The Roman Empire* (1964); sempre conseguindo envolver grandes atores e diretores em seus projetos.

Ao selecionar roteiristas para o seu estúdio, Bronston, encontrou em Philip Yordan[v] um homem fundamental para colaborador. Yordan, na década de quarenta notabilizara-se em Hollywood como um "doutor de roteiros", ou seja, ele era contratado para salvar roteiros cujas falhas invibializariam a sua produção; neste período também era extremamente valorizado por sua capacidade de sintetizar extensos assuntos em roteiros curtos e bem amarrados; além disso, destacou-se por participar ativamente da produção em todas as suas etapas. Era um homem fundamental para Bronston tocar seu empreendimento na Espanha,

Yordan iria garantir a qualidade com seus roteiros e com sua habilidade de salvar outros tantos. Em seu currículo incluíam-se vários sucessos, entre os quais: *Broken Lance* (1954); *Johnny Guitar* (1954) e *The Harder They Fall* (1956); também foram seus os roteiros das sagas acima citadas produzidas por Bronston.

O produtor faria uma surpresa para Philip Yordan, convidando o seu, até então, amigo Nicholas Ray para ser o diretor do filme. Eles já haviam trabalhado antes em mais de um filme, sendo que *Johnny Guitar* foi um dos mais marcantes. Yordan convidou ainda para trabalhar no roteiro o escritor italiano Diego Fabbri, reconhecido na Itália daquele período, e posteriormente passou o texto das falas do narrador do filme para Ray Bradbury[vi], outro escritor bastante conhecido, e cujo nome não aparece nos créditos. O que é uma injustiça tendo em vista a extensão do texto do narrador.

Por último, Samuel Bronston contratou para fazer o protagonista do filme um ídolo da juventude, Jeffrey Hunter, que toda a América via com bons olhos, ele já havia sido utilizado com bons resultados por John Ford em *The Seachers* (1956) e em *The Last Urrah* (1958). O genuíno talento de Bronston para a escolha dos atores garantiu um belo elenco pra a sua produção, principalmente para os atores que ficaram com os principais papéis: Robert Ryan como João Batista; Rip Torn como Judas; Hurd Hatfield como Pilatos; Harry Guardino como Barrabás; Siobhan McKenna no papel da Virgem Maria; e Frank Thring como Herodes.

A mais ambiciosa cena do filme inteiro é, provavelmente, a do Sermão da Montanha, ao menos ela é um consenso entre os estudiosos e críticos. Foi rodada em apenas cinco dias em Venta de Frascuelas, a sudeste de Madrid, usando cinco câmeras e cerca de 5.400 extras. No livro *Nicholas Ray: An american Journey* escrito por Bernard Eisenschitz, o diretor, em entrevista ao autor, recordava-se: *"Nós construímos o que, de acordo com o que eu creio, foi o mais longo plano seqüência já rodado...".* Infelizmente a criatividade de Ray foi e ficou freqüentemente comprometida por trás das câmeras, pois lá se travava uma poderosa batalha. De acordo com Gavin Lambert, citado na biografia feita por Eisenschitz:

"A atmosfera era realmente infernal: era como se houvesse duas cortes... Nick e Phil Yordan, que tinham sido velhos amigos, não se falavam mais. Yordan era o executivo imediatamente superior a Ray, então, ele não estava ali como um roteirista, mas para garantir que Ray rodava o seu roteiro. Eles jamais se conversavam, exceto por walkie-talkie."[vii]

No início Ray teve muita liberdade, mas acabou se desentendo seriamente com Yordan, pois este percebia que ele estava alterando bastante o seu roteiro enxugando partes e dando ênfase em outras, isto provocou um verdadeiro duelo durante as filmagens, um verdadeiro show de ordens e contra-ordens. Após a edição do filme, cujo corte final foi vetado a Ray, devido ao contrato com a MGM, o diretor Charles Walters foi convocado para gravar cenas adicionais, tendo em vista algumas exigências da mesma MGM que seria a distribuidora[viii].

A indústria cinematográfica não recebeu muito bem a escolha de Jeffrey Hunter para o papel de protagonista, e pouco depois o filme já recebia o epíteto de *"Eu fui um Jesus adolescente"*. No entanto, Hunter fez um bom trabalho e encarnou o papel com serenidade e certa dignidade, como seria de esperar para os clérigos americanos, que sempre tiveram na atuação "digna" seu principal foco. Sua facilidade com o papel devia-se ao seu trabalho anterior sob a direção de Nicholas Ray, com quem havia filmado *The True Story of Jesse James*, em 1957, numa entrevista para a revista *Films and Filming*, em 1962, o ator esclareceria sua relação com o diretor:*"Ray é um homem que, como Ford, tem uma grande habilidade para comunicar as suas idéias concisamente,"* e ainda declarava, *"Ele é um homem calado; não é bombástico no set e se ele tinha alguma coisa a dizer para você ele falava para você sozinho.[ix]"*

Apesar de todo o alarde da campanha publicitária, que chegou mesmo a distribuir na estréia um livreto de trinta e duas páginas, onde se incluía o aval do Papa João XXIII, conseguido pela visita de Samuel Bronston e Philip Yordan à sua Santidade, o filme *King of Kings* não deu o impulso desejado à carreira de Jeffrey Hunter. Posteriormente ele trabalhou mais e mais em projetos que já foram esquecidos tanto nos Estados Unidos quanto em outros países, a única exceção que pode ser percebida é a gravação do episódio piloto da famosa série *Star Trek*. Em 1969, depois de uma queda do alto de um telhado, ele passou por uma cirurgia durante a qual morreu, tinha somente 43 anos.

A influência de um produtor importante como Samuel Bronston, que faz a escolha dos atores, roteirista chefe e diretor, não pode ser desprezada. Por outro lado, a construção de um roteiro por um roteirista tarimbado e experiente como Philip Yordan, assistido por dois escritores, é mais do que digna de crédito. Para além disto, a conhecida capacidade de Nicholas Ray em trabalhar com o conteúdo significativo da imagem e suas freqüentes discussões com Yordan, também testificam a respeito da sua participação na construção da estória. Como eu disse anteriormente trata-se de uma produção, que à semelhança de uma partitura musical, foi tocado a muitas mãos, apenas o conjunto destas diversas mãos, inclusive da interferência da MGM, nos permitiu o seu resultado final.

De todas as mãos, no entanto, a que mais convencionalmente aparece entre os críticos e teóricos é a de Nicholas Ray, voltemo-nos um pouco mais para este diretor.

Nicholas Ray

Nicholas Ray, em 1957

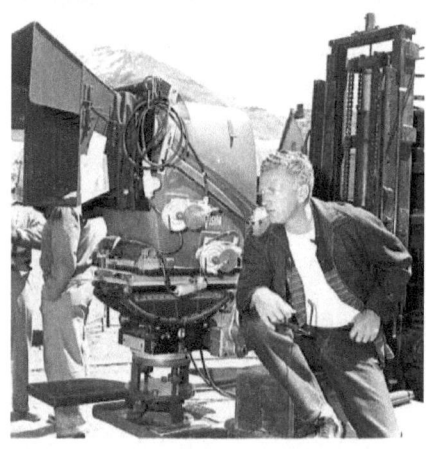

é

e,

Nicholas Ray é considerado um dos rebeldes dos anos 50 e 60 e um dos mais queridos diretores americanos entre os Cahieristas[x] franceses. Conhecido tanto pelos seus grandes sucessos quanto pelos grandes fracassos exatamente por isso, rejeitado pelo cinema americano, viveu algum tempo na Europa, onde se tornou uma espécie de ícone da *Nouvelle Vague*, morrendo em 1979, após ter os seus últimos dias filmados em *Lighting Over Water- Nick's Movie*, um longa-metragem realizado por Wim Wenders.

Ele nasceu nos Estados Unidos, no estado de Wisconsin, em 1911, era neto de um emigrado alemão, e chamava-se Raymond Nicholas Kienzle. Na época da grande Depressão ele partiu para Chicago e posteriormente Nova Iorque. Ali começaria a participar do teatro de vanguarda e viria a conhecer e tornar-se grande amigo do conhecido diretor de cinema Elia Kazan. Naquele momento histórico interessante e bem distintivo dos Estados Unidos, o momento da aplicação do New Deal, de Franklin Delano Roosevelt, na esperança de reerguer a economia americana após a Grande Crise de 1929, Ray decidiu-se a viajar por diversas comunidades rurais, gravando músicos locais. Tornou-se realizador de um programa de rádio, no qual primava por buscar as mais verdadeiras raízes americanas.

Deixando este projeto alguns meses depois ele foi para Hollywood, onde tornou-se assistente de Elia Kazan, em *A Tree Grows in Brooklyn* (1945). O seu primeiro filme, *They live by Night* (1948), mesmo que se trate de um típico filme *Noir*, mostra já alguma coisa de suas características mais marcantes: o herói do filme, Farley Granger, demonstra uma fragilidade adolescente, procurando fugir ao mesmo tempo à polícia e ao bando de gangsters que era afinal a sua única família. Era um filme sobre "fuga" que ao mesmo tempo mostrava a personagem fugindo de sua própria realidade e que ao fazê-lo, intuitivamente, buscava o interior do país, numa busca por suas raízes no coração dos Estados Unidos. O filme é o que convencionou-se chamar posteriormente de *road-movie*, um filme de estrada.

Talvez a maior qualidade de Nicholas Ray tenha sido a sua capacidade de subverter os gêneros estabelecidos, e entre estes figuram os Filmes de Cristo. Os seus heróis masculinos são aqueles típicos da má consciência, são fracos, neuróticos e muitas vezes se pode dizer que chegam a ser fisicamente débeis. Estão sempre procurando fugir de si mesmos, da sua própria condição, seja humana ou apenas uma social que os oprime e obriga à fuga. Nesta circunstância para as mulheres, personagens femininas, fica todo o peso, a carga, de serem o apoio moral e emocional destes homens frágeis. A mulher aparece como a sustentadora moral, a fonte de apoio, maternidade e sacrifício.

Essa forma de perceber a personagem masculina pode ser encontrada até mesmo em *King of Kings*, de 1961, aqui o nosso objeto de análise. Afinal, que Jesus Cristo teve uma aparência mais frágil do que o vivido pelo ator Jeffrey Hunter?! Os olhos imensamente azuis, a face praticamente feminina, lembrando a de um adolescente, traziam em tudo a marca desta fragilidade, que seria contrabalançada pelo papel de Siobhan McKenna, como a virgem Maria, lembrando em tudo a típica mãe americana da época, aquela que cuida do lar e que aconteça o que acontecer parece sempre ter um semblante de força inabalável.

Apesar de sua óbvia vinculação com os valores de vida americanos, Ray também não deixa de estabelecer paralelos de interesse com estes mesmos valores ao tratar das questões raciais em alguns de seus trabalhos, como ciganos e esquimós, respectivamente em *Hot Blood*, de 1956 e *The Savage Innocents*, de 1960; este seu interesse por tudo o que é da América levou-o também a realizar um dos primeiros filmes ecológicos: *Wind Across the Everglades*, 1958. Graças ao seu enfoque bastante pessoal dos temas que tratava ele veio a contribuir decisivamente para a fragilização dos gêneros. Para os críticos *autoristas*[xi], nem sempre importa que ele não montou até o fim diversos dos seus filmes, graças ao alcoolismo, ou que tenha até mesmo abandonado algumas filmagens, pois, a ruptura e o desequilíbrio fazem parte das suas características pessoais e, portanto, da sua obra.

O que se deve perceber em relação a este curto percurso da carreira de Nicholas Ray é que ele foi um homem preocupado com a cultura de seu país, nem tanto com a Alta Cultura, mas com a cultura do povo americano. Nele estão precisos os questionamentos sócio-culturais de uma época, nele são perceptíveis as raízes americanas, pode-se dizer que Ray é um nacionalista às avessas, não se preocupa com o Estado Americano quanto com o povo que em muitos momentos vive ao largo das instituições políticas que, apesar de toda história ideológica dos Estados Unidos, não o contêm de fato.

Ficha Técnica

Na ficha técnica do filme apenas Nicholas Ray está creditado como diretor, devemos por isso acrescentar Charles Walter. O roteiro também foi creditado apenas a Philip Yordan, mas como vimos Diego Fabbri e Ray Bradbury também tiveram sua participação. A direção de fotografia ficou a cargo de Franz F. Planer, Milton Krasner e Manuel Berenguer, o filme utilizado era o de 70mm, utilizando o processo de cinemascopia pelo método Super Technirama, além disso o filme foi feito em Technicolor. Os figurinos ficaram nas mãos de Georges Wakhevitch e o diretor de sets foi Enrique Alarcon, os murais utilizados foram feitos por Magiek Piotrowski – os murais deste pintor se basearam nas pinturas encontradas em Pompéia. A edição foi feita por Harold F. Kress. Diretores associados: Noel Howard e Sumner Williams, além dos assistentes de direção Carlo Lastricati, José Maria Ocohoa e José Lopez Rodero. A sonoplastia ficou a cargo de Basil Fenton Smith e a música, como bem se sabe foi de Miclos Rozsa[xii]. Os penteados e seus estilos foram realizados por Anna Cristofani e, por fim, Betty Utey foi responsável pela coreografia da Dança de Salomé. Os produtores foram Samuel Bronston, Alan Brown e Jaime Prades.

O Fictício como condutor do processo

Em *King of Kings*[xiii] não chega a ser inútil a aplicação do método do texto de base, que visa estabelecer qual dos textos evangélicos prevalece na formação da imagem de Jesus Cristo, é praticamente certeza de que Mateus prevaleceu neste sentido. Das trinta e três passagens evangélicas relevantes encontradas no filme, ou seja, que servem como motivo para uma cena inteira ou subsidiam a existência de uma personagem, duas são de Marcos, cinco são de Lucas, outras cinco são de João; quatro pertencem ao conjunto dos sinópticos e quatro do conjunto de todos eles; de Mateus são retiradas doze citações, incluindo o clímax do filme, o Sermão da Montanha, dele vindo uma boa parte. É sempre bom recordar que é o Evangelho de Mateus que possui em suas páginas um Jesus mais político, mais forte, até mesmo agressivo. E é em Mateus também, o mais semita entre os quatro evangelhos, que tem a imagem cristológica mais clara a respeito do que ou quem é o Messias. No entanto, o sentido geral deste filme não reside especificamente sobre o conteúdo evangélico, mas sim nas cenas que não estão relatadas ou embasadas nele, cerca de 22 cenas importantes são fruto inteiramente de ficção, e prevalecem sobre as de origem puramente evangélica.

É a sanha adaptadora de Yordan e de Ray quem dá o tom, o sentido, deste filme. É difícil sem acesso a fontes primárias de produção saber quem prevaleceu onde, então somos naturalmente obrigados – como é a proposta mesma deste trabalho – a lidar tão somente com o filme em seu resultado final. A ênfase nas questões políticas parece ter determinado a criação de três grupos políticos distintos e que conduzem a trama do filme. São eles:

- Grupo político 1: Pôncio Pilatos, Cláudia, Herodes, Caifás, Lucius, Herodias e Salomé (*Status quo* dominante).

- Grupo político 2: Barrabás, Judas Iscariotes e Zelotes (Em oposição ao primeiro; política patriótica nacionalista = liberdade pela força, lembra episódios da questão de independência americana, questão dos impostos, etc.).

- Grupo político 3 de Jesus: Maria, Jesus, João Batista, discípulos, Nicodemos (Alternativo aos dois anteriores; faz política humanista, universalista, no entanto, ainda americana, propõe a ação não violenta).

Tudo relativamente a estes grupos, e suas propostas, é totalmente fictício, com exceção, evidentemente de alguns trechos evangélicos dos quais se originaram. Apenas o grupo relativo a Barrabás é o mais inventivo entre todos eles, pois de Barrabás sabia-se muito pouco e sua vinculação com Judas Iscariotes é quase totalmente fictícia. Judas Iscariotes[xiv], entre os seguidores de Jesus, é o que tinha o nome de assonância menos judaica: Iscariotes, que convencionou-se dizer que era da cidade de Kariot, que segundo Ambrógio Donini[xv], historiador do Cristianismo, nunca existiu. A assonância parece pertencer a Sica[xvi] e aos

Sicários, nome latino do grupo político que lutava pela libertação dos judeus sob a dominação romana, conhecidos pelo nome de Zelotas. Não há absurdo em articular-se Judas Iscariotes com esse grupo, uma vez que outro apóstolo de Jesus, Simão (não confundir com Simão apelidado de Pedro), era cognominado o Cananeu ou o Zelota. Isso nunca foi exatamente algum segredo religioso, mas também não se costumava fazer grandes comentários sobre estes ativistas políticos que estavam próximos a Jesus naquela época. Então, este dado que pareceria muito fantasioso para algum religioso mais radical pode estar também fundamentado numa possibilidade histórica.

O Grupo 1 é reunido em torno da idéia de que eles são a classe governante da região. Pilatos é o Procurador romano para a Judéia, Caifás é o representante dos judeus como o Sumo-Sacerdote do Templo de Jerusalém, Herodes Antipas é o Tetrarca da Galiléia, Gaulanite e Traconite. Estão sempre acompanhados dos seus próximos, como Herodias, Salomé e Cláudia. Todos têm apenas um interesse em comum: preservar as coisas como estão, o que é bem típico da classe dominante.

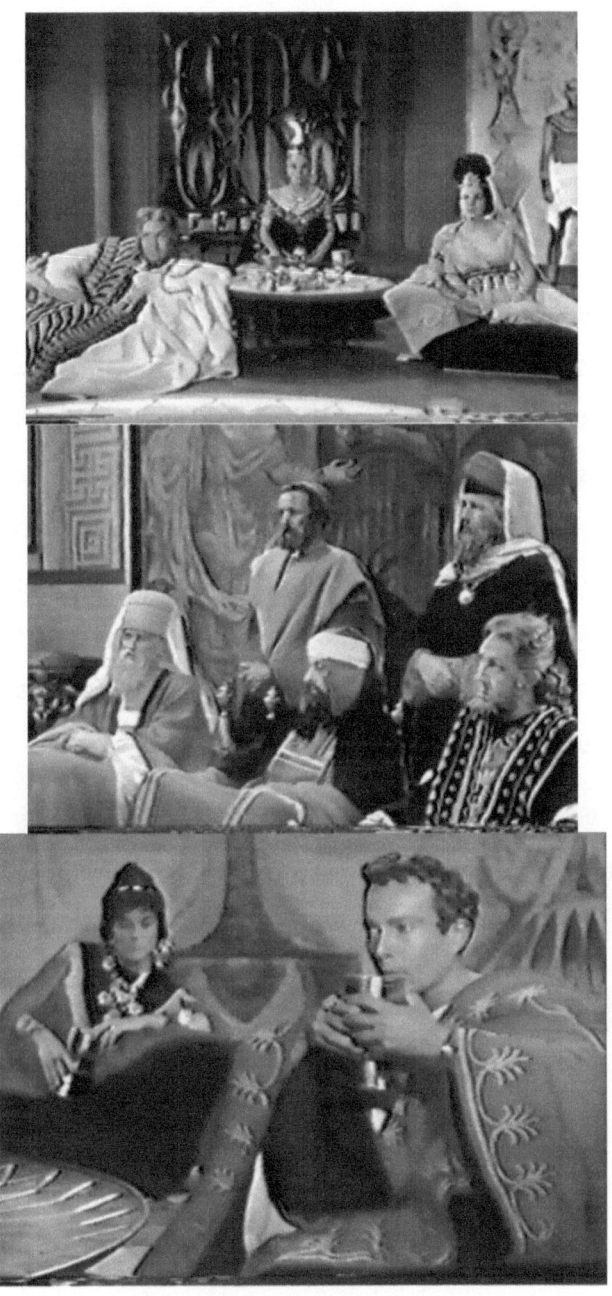

Grupo 1: Sempre unidos em seus interesses

Eles são reunidos tendo em vista a defesa deste interesse em comum. Não há fundamentação nenhuma, nem histórica, nem evangélica para que eles estejam sempre reunidos num grupo. No filme eles aparecem freqüentemente juntos na maior parte do tempo, em banquetes, termas, reuniões íntimas. Até mesmo enquanto Pilatos cuida da sua higiene pessoal no barbeiro, lá estão Caifás, Herodes e Lucius. A única possibilidade de se reunir Pilatos e Herodes pode ser apontada no texto de Lucas, que a este respeito, após Pilatos ter gentilmente enviado Jesus para ser julgado por Herodes, diz: *"Naquele mesmo dia Herodes e Pilatos se reconciliaram, pois antes viviam inimizados um com o outro."* Lc 23:12. Como se sabe o episódio do julgamento perante Herodes encontra-se unicamente nesse evangelista. Daí se pode concluir mais ou menos facilmente que Pilatos e Herodes tinham relações, se boas ou não, já não cabem especulações.

O Grupo 3, o de Jesus, também encontra-se freqüentemente reunido, então, exatamente por se tratar de um grupo e pelas mesmas razões que os outros nunca se separam, Maria, a mãe aparece em situações que até então foram vedadas à essa personagem em outras produções.

A única motivação que ocorre para que todas estas personagens estejam reunidas em grupos e que sejam mostradas em grupo é a da economia narrativa. Se pensarmos em termos evangélicos todos viviam afastados uns dos outros, cada um em sua função e localidades diferentes. Caifás em Jerusalém, Pilatos em Cesaréia, Herodes na Galiléia, provavelmente em Séforis, Maria em Nazaré, Jesus em Cafarnaum. É o evento da Páscoa judaica que possibilita os agrupamentos e encontros destas personagens, além da intenção do diretor. Uma boa forma de representar sua influência e articulação políticas é mostrá-los em grupos. Isto economiza tempo de filme e possibilita que haja diálogos mais ricos entre eles já que não são mostradas seqüências de deslocamento deles indo encontrarem-se, também economiza-se no papel de mensageiros que levassem recados de um a outro.Suas opiniões, posturas e atitudes no que tange a Jesus são prontamente vistas e discutidas. Essa "novidade" na estória de Jesus foi produzida de forma bastante bem pensada, pois ela atende necessidades acima de tudo cinematográficas.

Tendo em vista essa formulação por grupos havia necessidade de um elo unificador entre todos eles, este elo é a personagem fictícia do centurião Lucius. Ele é quem entra em contato com os diferentes grupos. Pertence à classe dominante, mas a sua função de centurião lhe permite, e obriga a participar ativamente dos diversos episódios do filme.

Vimos anteriormente o surgimento de centuriões romanos em diversas produções. Inicialmente eles apareceram de forma tímida, basicamente, na famosa confissão após a morte de Jesus na cruz *"Este era verdadeiramente o filho de Deus"*, em *Golgotha*, de 1935, e em *I Beheld His Glory*, de 1952, onde todo o filme é contado em flash-back por um centurião romano. Veremos também na série para a televisão *The Living Christ* o surgimento da *"Cura de um servo do Centurião"*, episódio evangélico. Aos poucos podemos observar que o hábito de se valorizar personagens romanas cresceu. Vimos até então, nos capítulos anteriores, que quanto mais se valorizava os romanos, mais se incriminava os judeus.

Neste filme os romanos possuem um papel duplo. O centurião Lucius mantém o caráter de "bons moços" de alguns romanos, ao lado de Cláudia esposa de Pilatos, enquanto este último é tão somente o representante do poder instituído e que cumpre ferozmente as suas funções. Não é assustador que haja em *King of Kings* um centurião romano com um papel bastante destacado, o "estranho" na época é que ele assumisse uma dimensão muito maior do que até então lhe fora permitido em outras produções. Ele passa às vezes de simples coadjuvante para o papel de importante protagonista dos acontecimentos. No entanto, a sua existência, a sua criação e elaboração para este filme já possuía certa retaguarda na história do cinema, é uma personagem que evoluiu com a cinematografia dos filmes de Cristo, não é, portanto, tão estranho assim que surja bastante bem elaborado no começo da década de sessenta.

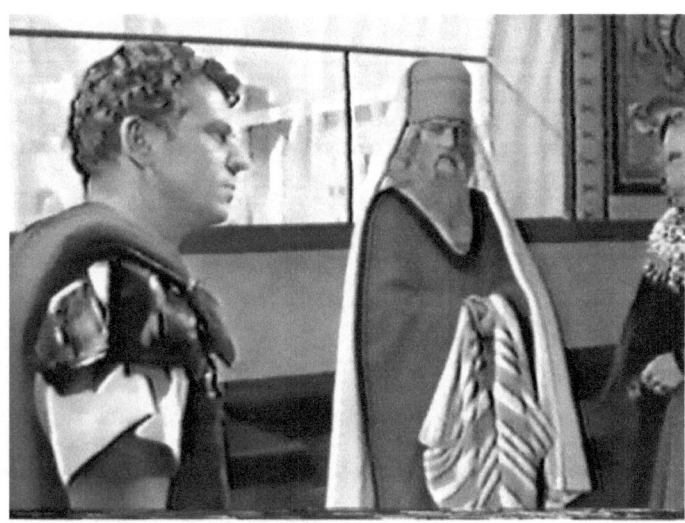

Lucius, o elo unificador entre os grupos

Neste papel de elo de ligação entre os diversos grupos a personagem Lucius sai de um suposto ateísmo à crença de que Jesus é o Messias, não entrando na discussão sobre a possibilidade de existência de "ateísmo" na Antiguidade, temos aí uma personagem destinada à identificação com o público. Alguém humano, um homem trabalhador que cumpre suas funções e obrigações com honestidade. Pertence ao governo, mas não se corrompe com o poder, e, enfim, devido a própria honestidade que o define acaba por se converter. Ele possui uma função de identificação para o espectador muito bem definida e elaborada.

O outro grande articulador da estória é o narrador, completamente onisciente e onipresente. Até mesmo nas séries televisivas analisadas anteriormente o narrador não era tão onisciente e nem tão indutivo. Ele abre e encerra a maioria das seqüências. Se o papel de Lucius é articular os diversos grupos políticos envolvidos na estória, o do narrador é o de alinhavar essa trama toda para conduzir o espectador à percepção de que se trata da estória de dois Messias, um da Paz e outro da Guerra.

Os Dois Messias

Essa questão dos dois Messias, já havia sido notada por outros críticos como Tatum, Baugh e Solomon, mas talvez fosse melhor dizer "anotada" uma vez que ela é perfeitamente clara ao longo do filme e é mesmo explicitamente relatada pelo narrador. O novo, não é perceber que no filme há duas possibilidades políticas de tratar o tema da liberdade, pois este é um dos principais do filme. O novo é tentar perceber porquê foi possível esta abordagem completamente genuína deste assunto. Este motivo nos é esclarecido por Ambrogio Donini, historiador do cristianismo, ao falar sobre as descobertas dos famosos *Manuscritos do Mar Morto*, ele se refere à comunidade primitiva que ali existia, anteriormente ao surgimento do cristianismo, e da sua curiosa espera: *"Os autores destes textos, em rigor, não podem dizer-se 'cristãos', pois para eles o Messias (Cristo) ainda não apareceu: por vezes parece até que se desdobra num Messias sacerdotal (o "Cristo de Arão") e num Messias político-militar (o "Cristo de Israel")."*[xvii]

A razão de citar Donini é o fato deste ser um dos mais antigos pesquisadores do assunto, ele estava em plena atividade anteriormente ao filme, e era este tipo de informação que poderia ser encontrada na vida acadêmica daquele momento. Os Manuscritos do Mar Morto encontravam-se ainda em plena tradução, coisa que demorou mais de trinta anos para terminar. No entanto, algumas informações dispersas já se faziam circular, dando idéia da dimensão que aquela descoberta poderia alcançar. O otimismo do inicio das descobertas acabou não se confirmando, pois para o conhecimento direto de fontes primitivas – propriamente cristãs – o achado foi inútil. Mas, isto não era coisa que se sabia naquele momento. Creio que é nesta relação com a descoberta dos Manuscritos do mar Morto que se pode encontrar o surgimento de dois Messias no filme de Ray. Sua base "histórica" seria muito mais convidativa para este diretor do que um simples confronto temático entre "Paz e Guerra", que, evidentemente, também estava ali presente. O papel do Messias da Guerra é dado para Barrabás.

Na sexta seqüência do filme, após os episódios relativos à juventude de Jesus, quando o narrador avisa que se passaram vinte anos, ele anuncia a chegada de Poncio Pilatos e ao mesmo tempo a emboscada que Barrabás lhe preparava. Ocorre a primeira batalha, que evidentemente não consta dos evangelhos. Lucius, chegando com reforços juntamente com Herodes Antipas, é quem salva a situação. Chega a perseguir e lutar com Barrabás, mas ele foge. Nesta parte pode ser percebida a presença do lugar-tenente de Barrabás, Judas Iscariotes.

Em torno da décima seqüência, Lucius descobre, através da água morna e enferrujada que sai de um cano de esgoto, que alguém estaria fabricando armas em Jerusalém. Corta então para a cena seguinte, onde mostram um grupo de homens trabalhando numa forja, fabricando armas. Barrabás está entre eles. Eis que chega Judas, já conhece Jesus e está se transformando em seu seguidor, ele acredita que Jesus pode ajudá-los na revolta. Neste instante os papéis tornam-se perfeitamente claros. Barrabás afirma sem dúvidas: *"ele só fala em paz e só haverá paz em Jerusalém depois da guerra."*

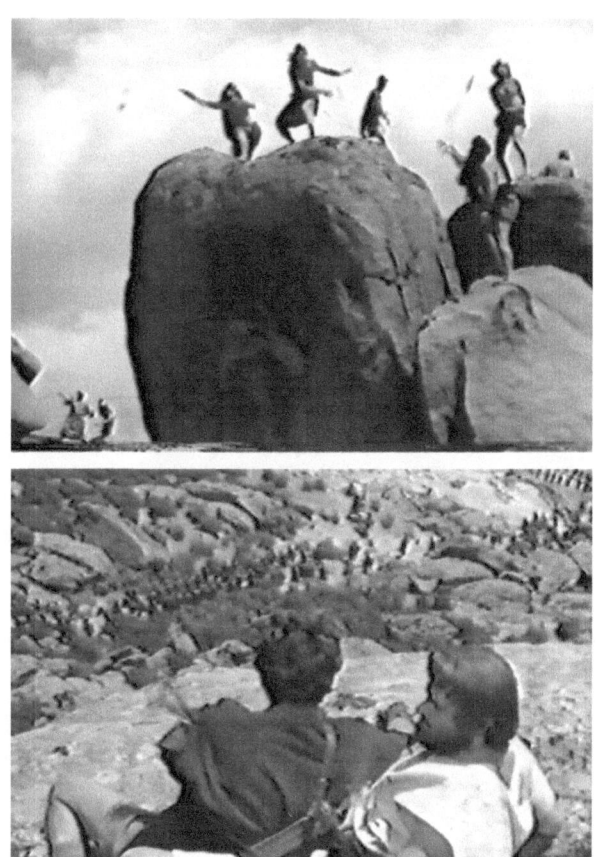

Barrabás e Judas presentes na primeira batalha

Na vigésima oitava seqüência, Judas, ainda sob o impacto do Sermão da Montanha, procura Barrabás, no mesmo porão da forja, e expõe suas idéias à respeito do Messias. Conta-lhe sobretudo que Jesus entrará triunfalmente em Jerusalém:

Judas: Isso. Fabrique mais armas para matar mais gente.

Barrabás: É o que pretendo.

Judas: Pense enquanto o metal esfria. Ouviu Jesus falar.

Barrabás: Só fala de paz. Eu sou fogo, ele é água. Como podemos nos unir?

Judas: Após o próximo sábado, Jesus virá se reunir com os discípulos.

Barrabás: Em Jerusalém?

Judas: Sim. Pregará no maior templo do país. Haverá tanta gente que os romanos não ousarão tocá-lo. Essa será a hora. Fique ao seu lado, mas sem tirar a espada. Mostra a sua força em silêncio. Deixe Jesus falar, e, quando sua mensagem de paz se espalhar... O povo o proclamará Rei da Judéia. Como poderá recusar?

Barrabás: Se liberar os judeus sem derramar sangue, merecerá a coroa. Eu mesmo a farei e colocarei em sua cabeça.

Judas: Ficará a seu lado no templo?

Barrabás acena que sim.

Judas: Deixará que ele fale?

Barrabás novamente acena. Judas está satisfeito.

Judas: Será um dia a ser lembrado.

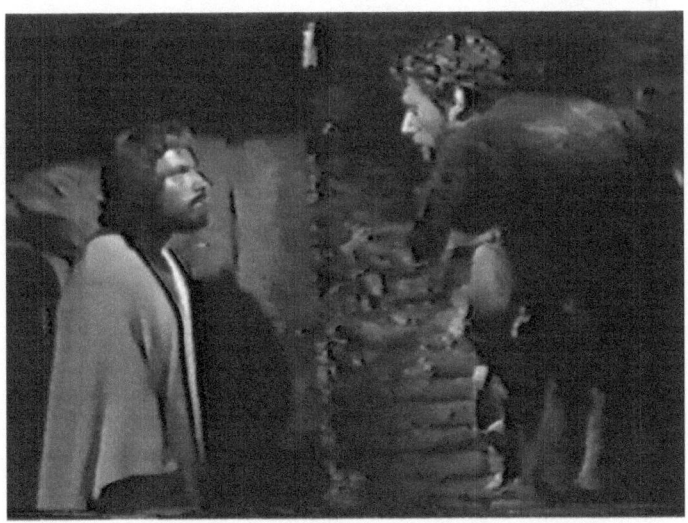

Judas tenta aliciar Barabás para Jesus

Após a sua saída, Barrabás acrescenta para um assistente: *Será lembrado. Judas sonha. Todo sonhador é um tolo. É o momento que esperávamos. Deixe Jesus vir ao templo. Atrairá o povo. Nós o tomaremos emprestado....*

A cena da Entrada Triunfal de Jesus em Jerusalém fica um pouco a desejar, uma vez que a preocupação em fazer um paralelo entre a calma deste com a preparação da revolta por Barrabás fez com que a sua entrada ficasse menor se comparada com a batalha que se lhe seguiu. A seqüência inicia-se com um texto extremamente longo do narrador, o pano de fundo são grandes tomadas panorâmicas sobre a imensa multidão, a dos seguidores de Jesus e os de Barrabás. Na conclusão do seu texto o narrador diz: *"Jesus entrou no templo e as grandes portas se fecharam e dentro havia paz. Fora havia o mar revolto... a língua que não falava em paz, mas na espada"*

Barrabás sobe a um lugar alto e grita: *Judéia!*

Corta para a multidão armada e ensandecida e ele grita de novo: *Judéia!Vamos!*

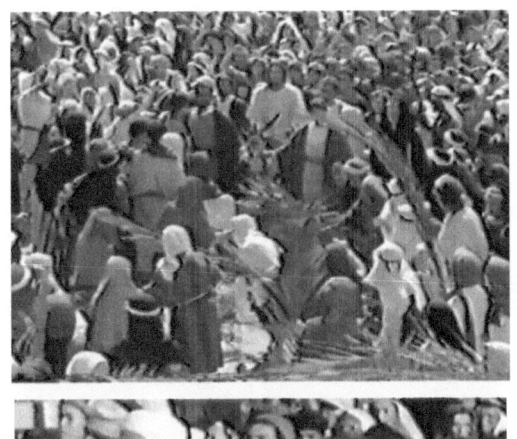

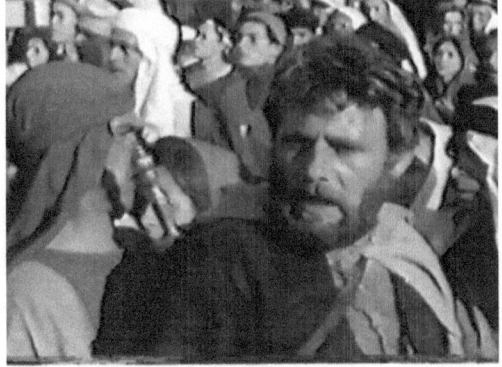

Jesus, Messias da Paz   **Barrabás, Messias da Guerra**

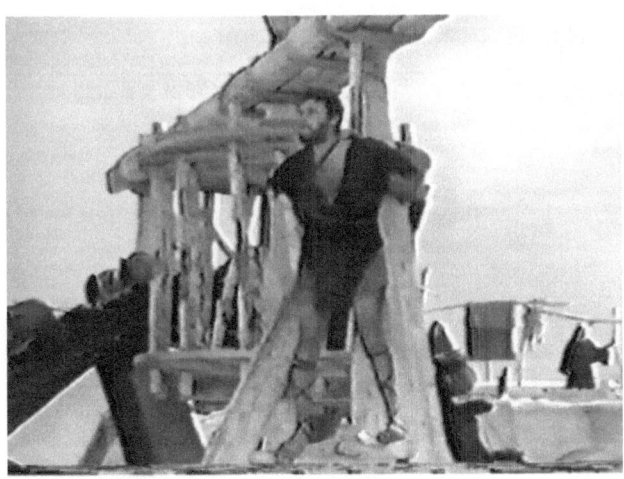

"Vamos Judéia!"

O narrador não precisa dizer, mas trata-se da política de patriotismo, em nome da pátria, Barrabás conclama o povo para pegar em armas, esta é a política americana, Patriotismo x povo em armas. Inicia-se uma bela cena de batalha de proporções épicas. O povo tenta invadir a Fortaleza Antonia, mas é prontamente rechaçado, e Barrabás tem que assistir seus planos irem por água abaixo. Quem lidera a reação é Pilatos, circundado por Lucius. Barrabás é ferido e se entrega.

O interessante em toda esta cena de batalha é que antes do seu início há vários cortes para o rosto de Judas, que parece feliz ao ver Jesus entrar e que tem um semblante preocupado e entristecido quando percebe que Barrabás não cumpriu com sua promessa. Mas o pp de Judas é bastante afastado de toda aquela cena, e ele pode sem muito esforço ser percebido como um alter ego do próprio espectador que assiste as ações dos dois Messias um da paz e outro da guerra. O Messias da Guerra, apesar de ser um revolucionário e ser "pintado" com toda as cores de um épico, obedece o clássico modelo do herói patriótico que por motivos "nacionalistas" deseja fazer uma guerra heróica de independência. Isso lembra a própria auto-imagem nacional americana.

Se as razões políticas e militares da história recente dos Estados Unidos e do mundo estavam tão presentes naquela produção como os críticos afirmam, principalmente, na questão dos judeus, seria de se perguntar por que se esqueceram que o Jesus *Paz e Amor* vivido por Jeffrey Hunter encontrava em sua ideologia, uma "paz" atuante, muito próxima de uma outra grande personagem, esta histórica e real: Mahatma Gandhi, o grande líder espiritual e político da índia, que levou à sua independência política dos ingleses, com a "não violência" e a "desobediência civil", em 1948. Naquele contexto histórico único no qual este filme foi produzido, a crítica elaborada contra o Estado, a salvaguarda que fizeram dos judeus e a impossibilidade de recorrer ao comunismo como opção ideológica, tudo levou a Gandhi, e nada se diz sobre isso em todas as análises.

Nelas apenas estranha-se que Jesus não seja mostrado como um homem anunciando a "Salvação" ou o "Reino de Deus", etc, e sim como um anunciador da "Paz e do Amor". É interessante observar, como os teóricos foram buscar no filme um Jesus que não encontraram, o filme de Ray possui um Jesus completamente homogêneo e coerente com a sua proposta cinematográfica, um Messias da Paz que inclusive pode ser relacionado com os métodos da ação não violenta.

Heranças

Ao chamar este item de Heranças (e não de referências), desejo tão somente entrar na questão delicada de demonstrar como *King of Kings*, apesar de ser surpreendente, até mesmo para a crítica da época, não surgiu do nada. Muita coisa que é agregada ao estilo do filme, e, principalmente na construção da narrativa da estória de Jesus, foi abordada poucos anos antes do seu surgimento. A expansão de certas personagens, a valorização de papéis que antes não chegavam a serem secundários, a busca de identificação com o público americano através de referências ao cotidiano, tudo isso já estava sendo formulado no período anterior, seja através da televisão, seja através do cinema.

A influência que a série televisiva *The Living Christ* teve sobre *King of Kings* será aqui mais reputada do que provada, uma vez que faltam fontes primárias que as vinculem, no entanto, o que deve estar em mente é que esta série foi vista e conhecida e que portanto pode, em alguma medida, ter deixado traços do que poderia ter sido explorado ou não em um filme. As coincidências de escolhas e de ampliações de trechos evangélicos específicos são grandes. Como poderemos notar na escolha dos episódios relativos a Herodes Antipas, Herodias e Salomé; João Batista; a Virgem Maria; Maria Madalena, etc.

Formação de Herodias, Herodes e Salomé.

Em Marcos (Mc 6: 14-29) reputado o escrito mais antigo, e no qual provavelmente Lucas e Mateus se inspiraram, encontra-se o episódio inteiro relativo à Herodes Antipas, Herodias e Salomé. Marcos é o único a relatar a dança de Salomé, e, para um evangelista conhecido por ser sucinto ele faz um relato bastante longo e detalhado. Nele pode-se ler que Herodes casou-se ilegalmente com a mulher de seu irmão, Herodias, por isto João Batista não cansava de denunciá-lo pois achava-se em pecado. Herodias odiava-o por este motivo, no entanto, Herodes não tinha nada contra João. Então Salomé dança num banquete para o Rei, que fica feliz com sua dança e lhe promete tudo, até metade do reino, Salomé consulta-se com sua mãe, e pede a cabeça de João Batista, o rei fica triste, mas deu sua palavra.

Todo este episódio tem reflexos nos sinópticos, menos no evangelista João que o torna ainda mais sucinto e dispensa Herodias e Salomé. Mas, em tudo a adaptação do filme é devedora do texto de Marcos. O que é extra-evangélico é exatamente a extrema conotação erótica que a dança de Salomé recebeu no filme. Herodes é mostrado como uma espécie de "velho babão" e a sua enteada como uma moça frívola e vulgar que não tem a menor dúvida em se insinuar para o marido de sua mãe.

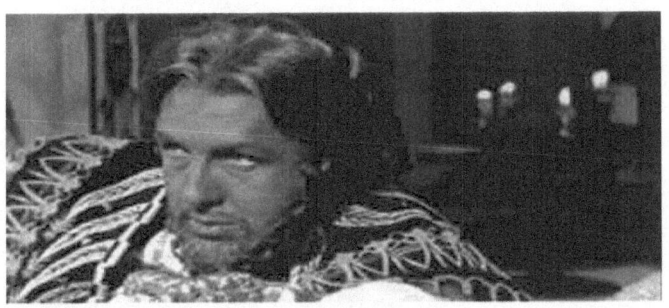

Herodes, um velho babão

Como vimos anteriormente, o papel de Salomé cresceu e se desenvolveu desde o século XIX, quer fosse na literatura, quer fosse no cinema. Aqui, em *King of Kings* o episódio está maduro. De ora em diante é assim que ele será visto e revisto por outros cineastas. Na série *The Living Christ* comentamos o amplo desenvolvimento que este episódio recebeu pela primeira vez. A Salomé da série era uma jovem até mesmo recatada, e sua dança para Herodes não tinha outra intenção além de divertir alguns convidados, em nenhum momento este foi mostrado como um "velho babão" e nem espichou seus longos olhos para a enteada, que inclusive tentou dissuadir a mãe de pedir a cabeça de João Batista. Fato que a aproxima mais da Salomé feita por Rita Hayworth, de 1953, mesmo ano da série.

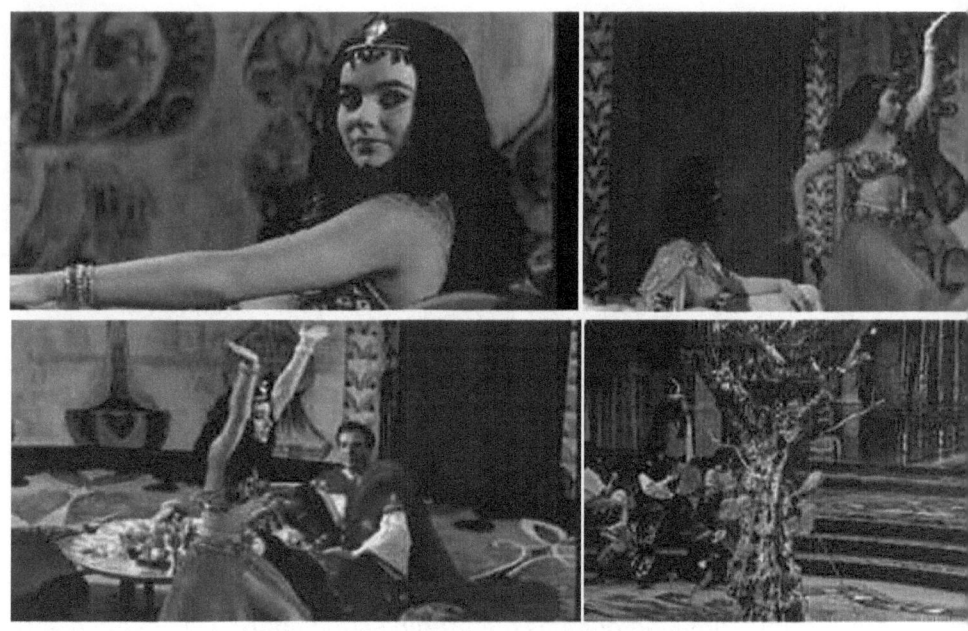

A Dança de Salomé, conotações eróticas

O ódio de Herodias, ou Herodiades, por João Batista encontra-se bem especificado no texto de Marcos, o que permite sem receios este tipo de dramatização. No entanto, deve ficar claro sobre o episódio da dança de Salomé que antes deste filme só tenho notícia de uma cena sua no século XIX; esta é a sua primeira aparição no cinema. E, é importante perceber que já aparece numa versão interpretativa dos textos evangélicos que se tornaria definitiva. Atualmente todos temos muito claro na mente que Herodes mandou decapitar João por que foi seduzido pela dança de Salomé que não era flor que se cheirasse[xviii].

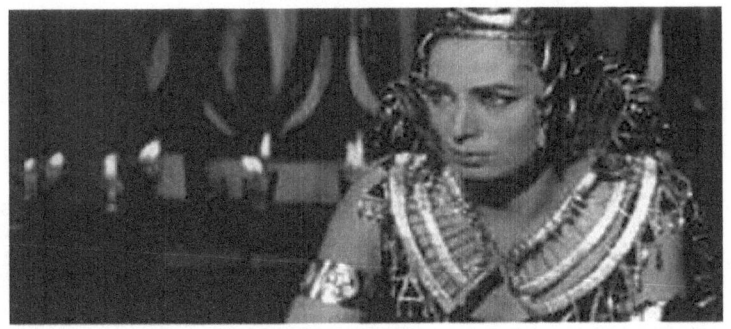

Herodias

O que poderia ser um episódio mais ou menos inócuo num filme sobre a vida de Jesus, pois a morte de João Batista não afeta decisivamente a pregação dele, torna-se algo relevante, pois em meio à estória sagrada pode se inserir um episódio detentor de erotismo e malícia, mesmo que estes elementos estejam carregados de significações negativas. Já havíamos esbarrado na questão do erotismo e sexo sublimados quando discutimos *The King of Kings*, de Cecil B. DeMille, quando ele iniciou o seu filme com Maria Madalena num banquete, trajando peças sumárias. A Salomé de Nicholas Ray tem este mesmo papel: introduzir uma certa graça num filme no qual o final é conhecido. É importante notar que este ingrediente mais "picante" ocupa tempo e espaço importantes da narrativa, e, para que ele apareça é preciso que outras coisas fiquem de fora. Esta adaptação está permitindo uma releitura dos Evangelhos, e, ela pode produzir ao seu final teologia, como já vimos.

A questão Mariana.

A participação constante da virgem Maria nesta produção, já expliquei anteriormente, se deve em grande parte à escolha de se manter as personagens em agrupamentos afins. No entanto, ela também tem um óbvio significado "Mariano", trata-se tão somente da devoção à Virgem. A presença de Maria já havia se feito sentir em outros filmes, no entanto, não havia nada na liturgia Católica, ou nos textos evangélicos, que autorizassem "palavras" ditas por ela, com exceção daquelas consagradas na época do nascimento de Jesus.

Há socialmente falando uma certa necessidade de se explicar em um filme de Jesus a importância de Maria. É difícil, no entanto, demonstrar essa importância com os textos evangélicos canônicos, pois o surgimento do Marianismo, que levou até mesmo à produção de alguns textos apócrifos, detalhando a vida de Maria, antes do nascimento de Jesus e depois da morte deste, deve-se a uma tradição de caráter puramente popular e que foi ao longo do tempo aceita pela Igreja Católica. Não é muito comum que haja valorização do papel de Maria em filmes de confissão protestante.

Maria, apareceu de forma significativa no filme *Intolerance*, de 1916, onde antes do episódio das Bodas de Caná, Jesus a encontra e lhe dá um abraço. Trata-se tão somente de uma cena em plano geral, com câmera fixa, sem detalhamentos, lenta e fria, no entanto, lá estava Jesus dando demonstrações de que era um bom filho e amava sua mãe[xix]. A tentação de se colocar Maria onde ela não estava foi vencida durante algumas décadas, não a encontramos nas produções da Pathé francesa. Apenas em 1927, ela ressurge, num espaço um pouco maior, quando o menino Marcos procura Jesus levando uma menina cega pela mão para ser curada, é Maria quem os recebe e é ela quem toma a menina e a indica para Jesus. Assim, podemos observar que ela – em termos imagéticos – faz o papel consagrado pela tradição da Igreja Católica de intercessora entre Jesus e os homens. Em *Golgotha*, de 1935, Duvivier também não resiste em colocar imagens de Maria onde ela não estava. Ela está entre os discípulos de Jesus quando ele entra em Jerusalém, está entre o povo quando Jesus prega, e está sentada à porta da sala onde se celebraria a Santa Ceia. Mas Duvivier, que já havia feito um Cristo calado, elaborou uma virgem Maria muda, ela nada diz e nem é mostrada no papel de intercessão.

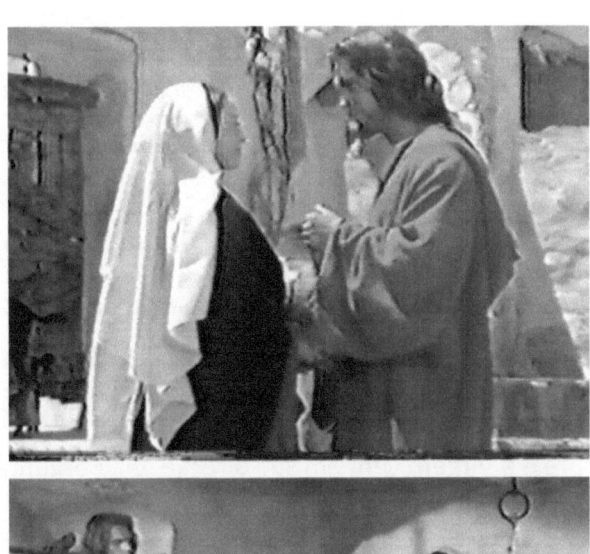

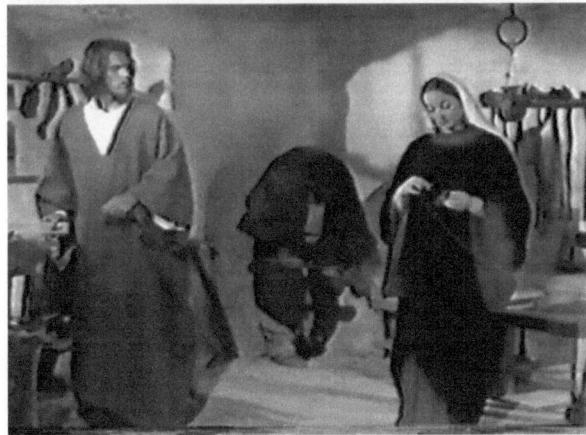

Maria está presente nos momentos decisivos

Aqui, novamente uma série de televisão pode dar-nos a perceber por que Maria está mais valorizada naquele instante. *Os Quinze Mistérios do Rosário*[xx], de 1958, eram fundamentados na devoção do Rosário e, logo, na devoção Mariana. Seria bastante difícil tanto para Yordan como para Nicholas Ray ignorar a presença necessária de Maria, uma vez que esta série foi rodada também na Espanha e provavelmente no mesmo estúdio onde rodaram o seu filme. Mas, A Virgem Maria que aparece sob os traços de Siobhan Mackeena, não poderia agradar a ninguém, exceto o público católico. Ray a colocou de forma poética mas ousada, Maria sabe mais à respeito de Jesus do que ele mesmo. Quando ele decide ir pra Jerusalém onde fatalmente será crucificado, ela abandona o seu avental e afirma que irá junto. O significado e a função religiosa de Maria ganhará explicação numa seqüência realizada tão somente para isso, onde Maria recebe, em sua casa em Nazaré, Maria Madalena, uma pecadora. A cena é feita da seguinte forma, Madalena esgueirando-se pela porta da casa de Maria, ela a abre e a Virgem vem em sua direção, ela pergunta:

MM: É a mãe dele?

VM: Sim, quem a mandou?

MM: Vim de Jerusalém ver onde ele mora.

VM: Eu lhe mostrarei. Estou só, coma comigo.

MM: Sou uma pecadora.

VM: Comerá comigo.

MM: Pequei muito.

VM: Deus sabe que existe o bem e o mal. Assim como a luz e a escuridão. Há males que vêm para bem.

MM: Falará com seu filho por mim?

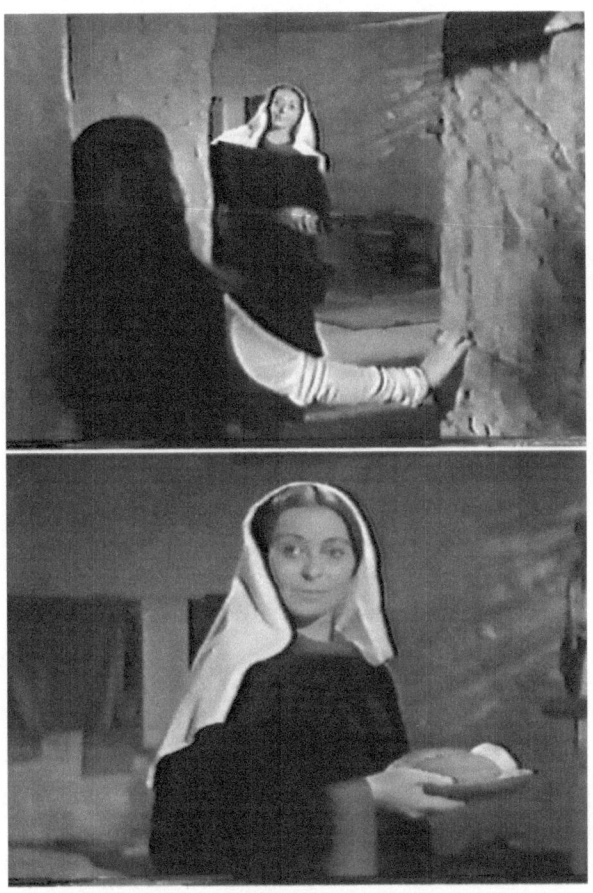

Maria Madalena procura a mãe de Jesus

A pergunta é importante pois isso trata da questão Mariana por excelência, na verdade o que se deseja ouvir aqui é a função teológica e religiosa de Maria, a intercessora, a mulher que pede ao filho pelos pecados dos homens. O fato de interesse é que Maria parece ter uma onisciência das coisas, quando ela ouve o pedido de Maria Madalena, ela reflete, olha pro vazio como quem vê o futuro, se enrubesce e diz:

VM: Interceder? – Meu filho disse: "Que homem perdendo uma ovelha não larga as outras noventa e nove ovelhas até encontrar a que se perdeu. E quando encontra-a, ergue-a sobre os ombros, em júbilo. Quando retorna para casa, junta os amigos e vizinhos... e lhes diz..."Alegrem-se, pois encontrei a ovelha que havia perdido". Você encontrou essa casa por que assim Deus quis. Venha sente-se à mesa.

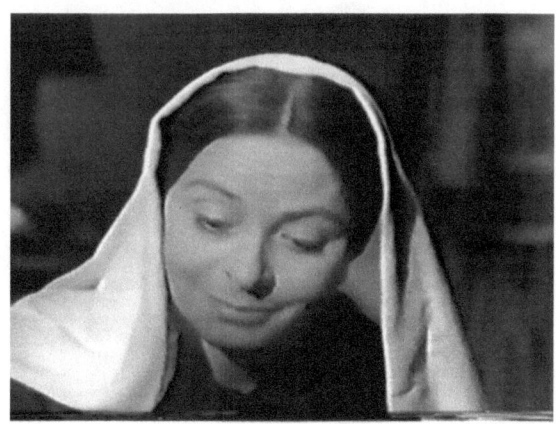

"Interceder?"

Ela já sabe a dimensão do seu papel futuro e aceita-o sem nada questionar. Recapitulemos: incrivelmente, Madalena sai de Jerusalém, apenas para conhecer a casa onde Jesus morava. Lá encontra Maria que a recebe, e Madalena pede para que ela interceda junto a Jesus em seu favor. Maria parece ter "recebido uma iluminação" naquele instante e percebe que "interceder" será o seu papel dali por diante, e ela aceita-o feliz. Bem, talvez isto fosse demais até mesmo para os Católicos daquela época. Como comentei anteriormente este filme é muito mais importante pelo conjunto de coisas das quais podemos dizer foi "a primeira vez".

Em *King of Kings*, pela primeira vez no cinema Maria tem especificado o seu papel de intercessora, tem este papel explicado e exemplificado. A sua atuação maternal ao longo do filme justifica a devoção, ela é onisciente, amorosa, boa e onipresente. E chega até mesmo, no começo do filme, a confirmar para João Batista que Jesus era o Messias e, pasmem, João Batista foi visitá-la para saber exatamente isso. Desta forma, não é difícil para um espectador desavisado, principalmente um espectador dos dias de hoje deixar passar despercebido essa elaboração teológica, que parte de situações fictícias, e que, no entanto, vem de encontro à tradição Mariana.

O ressurgimento de Maria Madalena.

Maria Madalena, sobre a qual já pudemos falar detidamente no capítulo referente ao filme de Cecil B. DeMille[xxi], ressurge depois de três décadas de estranha ausência. Ela estava presente na série *The Linving Christ*, mas sem nenhuma relevância e sem seus adereços de erotismo e sensualidade com que fora apresentada em 1927, sua aparição foi mais para mostrá-la chorando aos pés da cruz, como aparece nas imagens tradicionais. Ela também apareceu em *Day of Triunph*, de forma discreta, no entanto agora ela já reafirmava-se no papel da mulher adultera. Em *King of Kings* Maria Madalena reaparece de forma mais completa e bem acabada, de agora em diante não será aquela da qual se expulsou sete demônios, mas sim a mulher pega em flagrante adultério ou uma possível prostituta. Seu papel não mais se alterará na história do cinema. Será inclusive bastante difícil recuperar-se de que dela só se sabe que foram expulsos sete demônios, foi testemunha da Ressurreição e que se tornou discípula de Jesus.

É bom lembrar: o papel de Madalena será sempre uma contraposição ao da Virgem Maria. Uma, significa sexualidade aflorada, a outra a virgindade e a castidade, uma é a amante, a outra a mãe. Portanto, não foi estranho que alguém tivesse a idéia de casá-la com Jesus, em *The Last Temptation of Christ*, de 1988, e, mesmo antes em

Jesus Cristo Superstar a devoção de Madalena por Jesus já era mais do que sinal de que ela era sua companheira de fato. Assim, percebemos que episódios ou pessoas não tão importantes na narrativa evangélica para o conhecimento da vida de Jesus tornam-se mais palpáveis e ganham uma dimensão bastante maior do que teriam, inclusive, na tradição. Esta ênfase em algumas personagens obriga necessariamente a que se gaste menos tempo com outras, como, por exemplo, os apóstolos, que possuem nos textos canônicos falas e papéis, muito mais destacados do que os de Maria ou Madalena. Aos poucos podemos notar que ocorre uma releitura, bastante moderna, da vida de Jesus pelo cinema, e, este fato se constituindo em teologia.

O Primado de Pedro.

A sobrevivência do Primado de Pedro sobre os outros apóstolos e sendo reafirmado como a Pedra fundamental da Igreja é espantosa. Talvez uma das razões para que se mantenha tão incólume através de praticamente todas as produções analisadas até agora seja o tocante episódio no qual ele nega Jesus Cristo, que havia sido seu companheiro e amigo até então, claro que, o fato de sua reafirmação também está vinculado ao seu importante papel para a Igreja Católica, uma vez que ele é considerado também o primeiro Papa. Ele sobrevive desde as Paixões do século XIX até à primeira Paixão do século XXI, de Mel Gibson. Em *King of Kings*, a sua primazia, apesar de manterem a cena das suas negações durante o interrogatório de Jesus por Anás, é mais significada do que representada por um diálogo ou qualquer coisa assim. Na cena final do filme, quando os discípulos encontram-se nas praias do Mar da Galiléia, enrolando uma rede de pesca, a sombra de Jesus cai sobre todos eles, formando com a rede uma cruz, um a um eles vão se afastando para realizar sua missão, o último, que fica por alguns instantes no centro da cruz é Pedro, que em seguida sai também para pregar.

Desta forma, sem diálogos sem grandes encenações temos o primado de Pedro artisticamente confirmado nesta imagem. Gostaria de adiantar também que neste filme a "sombra" de Cristo adquire o significado de presença do sagrado, como veremos posteriormente no que tange às curas por ele realizadas. A reafirmação do primado de Pedro também aparece claramente nas séries televisivas que antecedem esta produção tanto em *The Living Christ*, onde o episódio das negações e da confirmação de Pedro ("tu me amas?") são narrados pelo centurião romano em flash-back, quanto em *Os quinze Mistérios do Rosário,* onde o episódio é claramente representado, principalmente por que essa série ampliou o papel deste quando ousou filmar partes inteiras e importantes do livro de Atos dos Apóstolos.

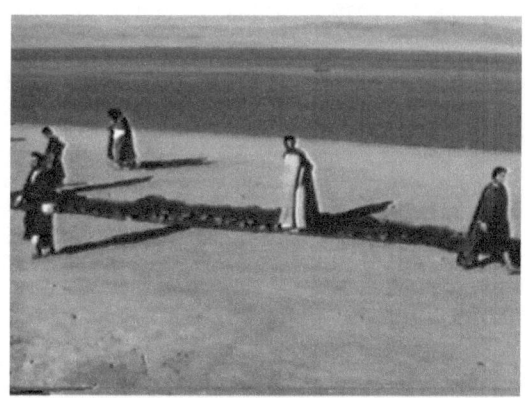

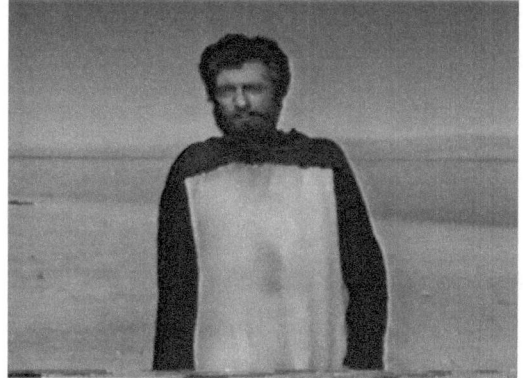

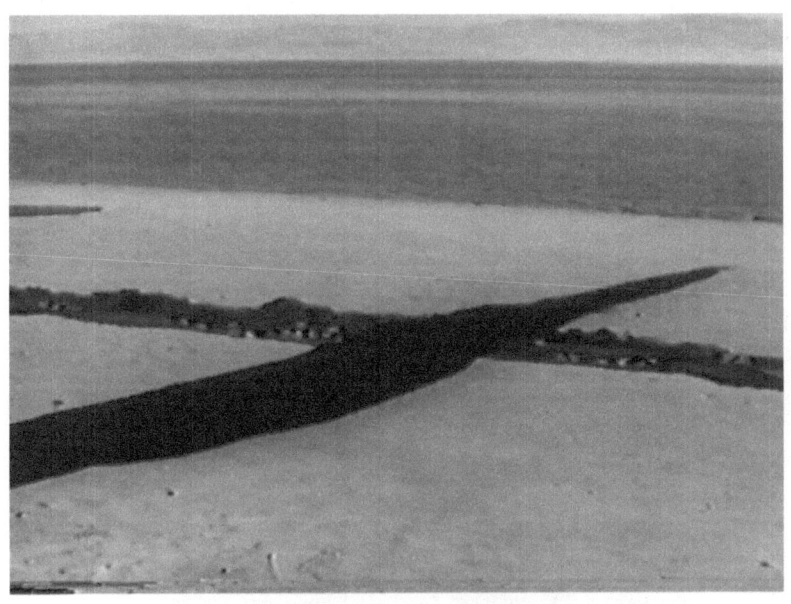

O Primado de Pedro, realizado de forma poética

Jesus e sua sombra, Ben-Hur, O manto Sagrado, etc.

Como foi visto em capítulos anteriores, relativamente à representação visual de Jesus no cinema, no que tangia à proibição britânica, de 1913, notamos que filmes importantes da década de cinqüenta buscaram apenas representar Jesus distante, em planos gerais, ou indicado por uma sombra ou por partes do seu corpo, como uma mão estendida abençoando ou curando alguém. Notamos também que esta forma de representar Jesus naquela década não tinha mais do que funções estilísticas. Coisa que pode ser vista em filmes como *O Manto Sagrado*, *Ben-Hur* e *Demétrius e os Gladiadores*. Em *King of Kings* esta idéia fica plenamente confirmada pois apesar da ampla exploração da imagem de Jesus em todos os tipos de planos e ângulos quando se desejou mostrá-lo em gesto de cura se optou por colocar apenas a sua sombra corpórea ou a de sua mão caindo sobre as pessoas que recebeu o benefício da cura. No caso apenas duas curas e uma expulsão de demônios.

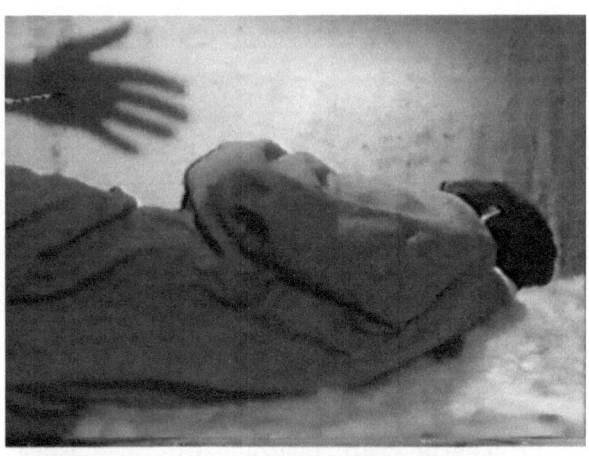

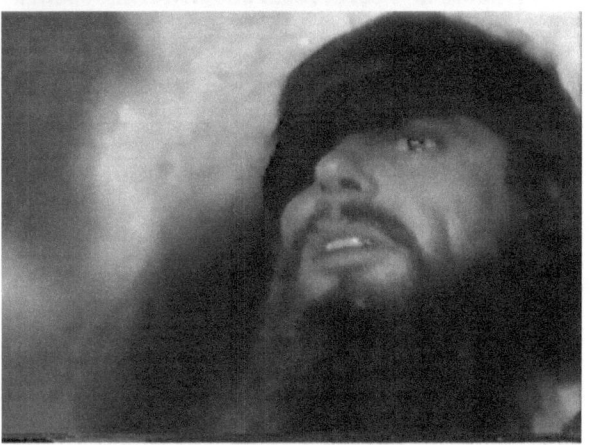

As curas de Jesus são apenas "significadas"

Críticos[xxii] notam a extrema ausência de curas ao longo do filme e chegam até mesmo a relatarem o importante potencial dramático que essas cenas poderiam adicionar ao filme, no entanto, esqueceram-se também de pensar no potencial poético e particularmente carregado de significados que essas cenas rodadas por Ray possuem, sendo elas só suficientes para que o espectador tenha uma boa idéia do que significaram as curas na carreira de Jesus, e o que elas significaram para aqueles que estavam à sua volta. Aqui, no que isso nos diz respeito tratou-se sobretudo de um "enxugamento" que tinha mais à dizer em termos de narrativa cinematográfica e de exploração da qualidade do conteúdo das imagens do que à pretensa narrativa dos milagres de Cristo, já de sobejo conhecidos. É ainda importante recordar da cena elaborada por Sidney Olcott em *From the Manger to the Cross*, ao final da seqüência onde se mostra Jesus ainda garoto, quando ele carrega uma viga de madeira e, contra a luz, a sombra projetada no chão é a de uma cruz[xxiii].

A valorização do papel de João Batista.

Notamos anteriormente, em *The Living Christ*, uma primeira expansão e valorização do papel de João Batista, que deixou de ser pura e simplesmente um anunciador de Jesus, como o Messias esperado, para ser de alguma forma uma componente ainda mais importante na estória. Ele não era tão somente um anunciador mas era alguém com quem Jesus pessoalmente se importava, principalmente se tivermos em mente o episódio em que João manda seus mensageiros confirmarem junto a Jesus se ele era realmente o Messias e Jesus lhes dá provas através de curas e dá testemunho de que *"entre os nascidos de mulher João era o maior"*. Nesta série também não deixaram de mostrar a tristeza de Jesus quando soube da morte de João[xxiv].

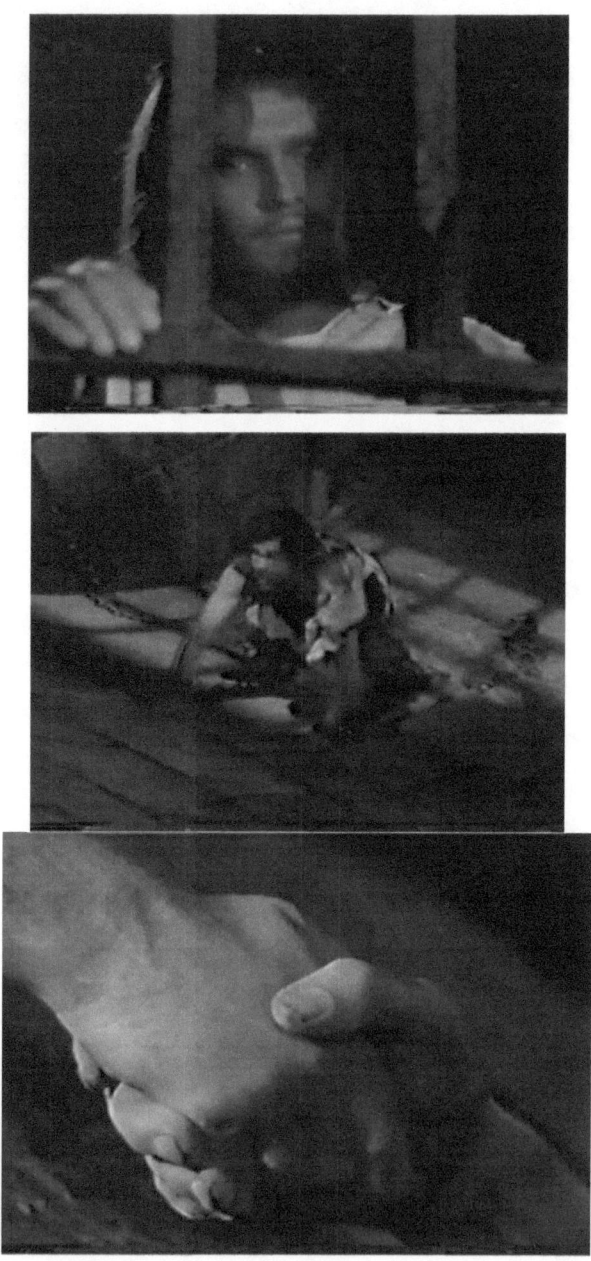

Jesus visita João Batista na prisão

Não se pode esquecer também que ele foi mostrado o tempo todo preso na fortaleza de Macheros, por trás da grade, conversando com seus discípulos. Desta concepção para aquela que aparece em *King of Kings* haveria apenas um pequeno passo a ser dado e ele foi realizado. Ray enxuga admiravelmente toda a narrativa evangélica à respeito deste episódio, corta a visita dos discípulos de João à prisão e coloca o próprio Jesus indo até ele num primeiro momento, onde tudo o que ele faz é estender a mão para João que esforça-se por alcançá-la, pois encontrava-se num desnível do solo dentro da cela. Antes da sua morte, ele ouve de dentro da prisão a voz de Jesus que dava a quilômetros dali o testemunho a seu respeito. Como se pode perceber, se se tiver em mente a série televisiva conhecida dos americanos, o episódio que pareceria tão chocante se visto apenas do ponto de vista da história do cinema, torna-se tão somente uma seqüência cujas referências podem ser facilmente mapeadas.

O Tema da Culpa de Barrabás

Barrabás é citado nos quatro textos dos evangelhos canônicos, mas este Barrabás[xxv] de Nicholas Ray vem de outro lugar para além destes, vem da literatura e de um filme sueco pouco anterior: *Barrabás*, o filme conta a estória de um ladrão que é perseguido pela culpa pois ele foi perdoado e Jesus Cristo crucificado em seu lugar, foi primeiramente levado à tela como filme de longa metragem pelo diretor sueco Alf Sjöberg, em 1952, estrelando Ulf Palme. No entanto essa produção seria completamente obscurecida pela versão mais difundida e conhecida com Anthony Quin no papel principal, em 1962[xxvi]. Esta última versão, que chegou às telas pouquíssimo tempo depois de *King of Kings*, elaborava a sua personagem da mesma forma que Ray havia feito com a sua, o tema do homem que começa a ser perseguido pela culpa, a má consciência.

Após a prisão de Barrabás, no evento fictício da batalha no dia da Entrada Triunfal de Jesus em Jerusalém, o centurião Lucius, no contexto do julgamento, após a flagelação, vai visitá-lo na masmorra. É este personagem quem o incita a entrar no tema da culpa:

Lucius: Conhece Jesus de Nazaré?

Barrabás: Conheço.

Lucius: Merece morrer?

Barrabás: Não mais do que eu.

Lucius: você se compara a ele?

Barrabás: Buscamos a mesma coisa.

Enquanto isso Lucius liberta-o e Barrabás feito um americano grita: *Liberdade! Apenas os métodos diferem!*

Lucius: A liberdade dele não é a mesma pela qual você matou.

Barrabás: Quando Jesus morrerá?

Lucius: Está carregando sua cruz.

Barrabás: Por que me diz isso? Por que não me leva logo?

Lucius: Vá, está livre! Jesus está morrendo em seu lugar! Todo ano um prisioneiro é solto nesta época. Pilatos deixou a ralé escolher.

Barrabás: Eu? Escolheram a mim?

Lucius: Seus seguidores gritaram mais alto. . Vá olhe aquele que morre por você.

O tema da culpa de Barrabás é mostrado através das imagens da própria personagem que passa a acompanhar a via crucis; depois já do lado de fora dos muros de Jerusalém ele encontra Judas Iscariotes. Os dois entreolham-se significativamente e Barrabás lhe pergunta: *Está morrendo em meu lugar. Por que faz isso? Nunca fiz nada por ele.*

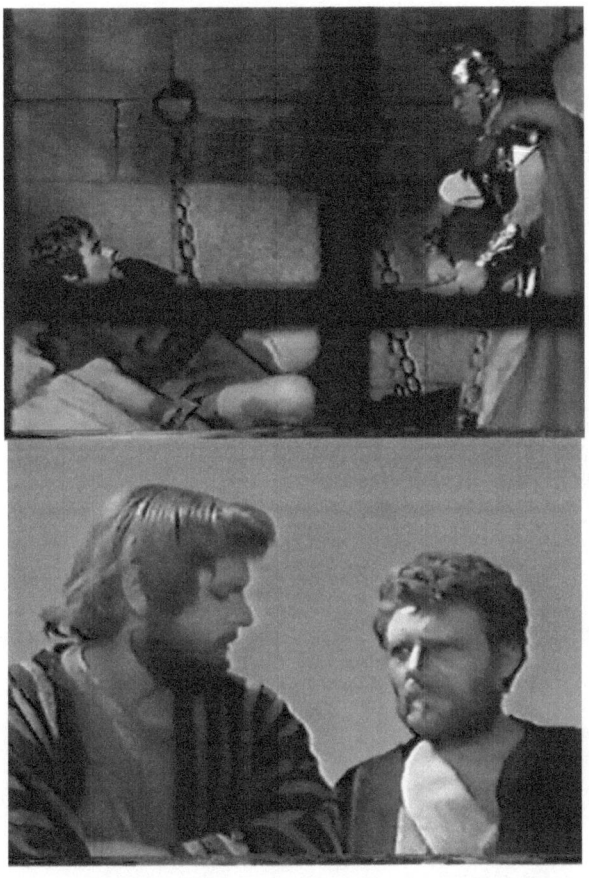

Barrabás e a sua má consciência

Após essa pergunta que não obtêm resposta, Judas sai calmamente de cena; depois seu companheiro o encontra enforcado. A elaboração mais preciosista desta personagem cumpre uma função importante, esta sub-trama está ocupando o lugar das imagens que deveriam ser feitas do julgamento. Ao visitar Barrabás na masmorra Lucius não apresenta-o ao povo, como é mostrado nos textos evangélicos. Ao ser libertado a câmera o segue, fazendo cortes constantes para

Jesus;este é filmado de uma forma que não se percebe muito bem a ausência da multidão. Mas, ela está ausente e Barrabás compensa esta ausência. Ele passa a carregar o sentimento de culpa: Jesus morreu em seu lugar.

A similaridade entre a personagem que surge ao final do filme de Ray como um homem atormentado por ter sido substituído por Jesus, com a do filme *Barrabás*, do diretor Richard Fleisher, que se inicia a partir deste ponto é bastante espantosa. Coincidência ou não, o filme de Fleisher também abordava o outro tema bastante caro a Ray, *"a má consciência"*. O tema de Barrabás é tratado de forma bastante sutil, ficando distante dos clássicos épicos de capa espada, a sua conversão final ao cristianismo, quando já está crucificado também, é mais sugerida aos espectadores do que realmente representada. A coincidência do tema no qual a personagem é desenvolvida explica-se pelo sucesso da novela publicada pelo escritor sueco Par Lägervist, obra na qual os dois filmes sobre ele se basearam, não é nada improvável que o tema do filme de Ray também tenha emigrado desta obra que recebeu larga divulgação.

Os elementos do fictício

O Julgamento de Jesus

O Julgamento de Jesus foi composto em cinco seqüências elas são bastante inter-relacionadas, no entanto a primeira delas é sem sombra de dúvida a mais importante.

Apesar do julgamento com Pilatos estar nos texto evangélicos este foi tão alterado que passo a considerá-lo com sendo completamente resultado de ficção e assim deve ser analisado. Para se ter uma idéia clara de suas alterações basta dizer que Jesus, após sua prisão, é levado para Anás, no entanto o episódio é apenas ilustrado pelas Negações de Pedro, que ocorrem no pátio da casa dele. O Julgamento perante Caifás foi sumariamente cortado.A participação de todo e qualquer judeu no julgamento foi descartada. O episódio de onde a esposa de Pilatos alerta-o para não condenar Jesus, a lavagem das mãos pelo mesmo Pilatos, diálogo com o povo judeu – raiz do anti-semitismo: *"Que seu sangue caia sobre nós e nossos filhos"* – foram todos cortados.

Até mesmo o segundo julgamento diante de Pilatos é sumariamente removido, trocado pela simples encenação de ordens do Procurador Romano. Só há dois momentos de julgamento, um perante Pilatos e outro perante Herodes, não há julgamento por blasfêmia, ou por questões religiosas. O que sobrou então para ser visto? O que é que desejavam que fosse visto?

Com a exceção da presença do júri, o julgamento representado neste filme se parece bastante com aqueles que vemos em filmes americanos de tribunal. Bastante comuns na história do cinema, principalmente nas décadas de trinta a cinqüenta, mas filmados ainda hoje. Aqui temos um juiz constituído pelas leis romanas, não temos a presença de judeus ou de ninguém, a quem não interessa o resultado do julgamento, como se fosse uma audiência a portas fechadas, coisa que também é conhecida nos meios legais. O juiz constitui um defensor público para ele, outra possibilidade num tribunal americano para um homem comum do povo que não possui dinheiro para pagar uma representação.

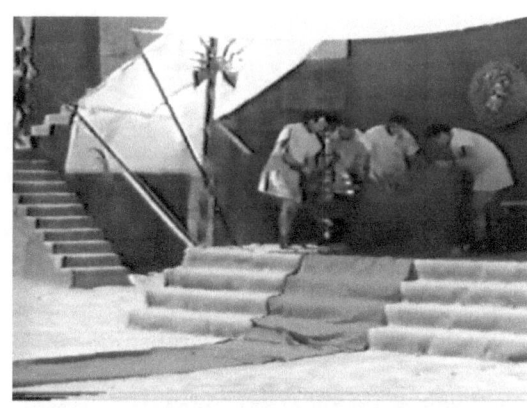

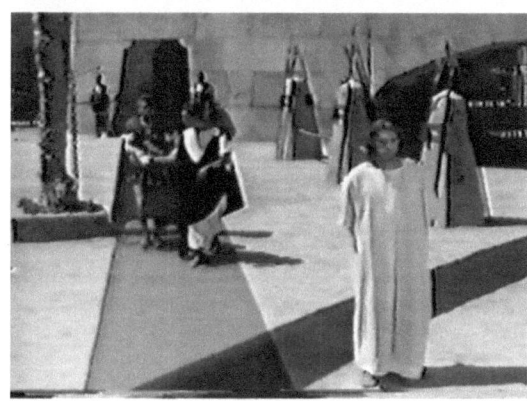

Preparação do julgamento

A seqüência inicia-se com a preparação do local, onde Jesus já encontrava-se manietado esperando. Mostra servos que preparam a cena do julgamento enquanto Jesus espera, monta-se um tribunal romano com cadeira para o procurador, tapete vermelho, etc, não há nenhum judeu presente (exceto Jesus), apenas soldados Pilatos e Lucius. O Procurador começa com a acusação:

Pilatos: É acusado de Blasfêmia e sedição. Esse tribunal não julga blasfêmia mas sedição é uma ofensa grave. A lei romana prevalece. Eu, Poncio Pilatos, o governador da Judéia...pela graça do divino imperador Tibério, julgarei seu caso. Não importa o que fez ou do que é acusado...somente eu tenho autoridade para condená-lo a ser crucificado, açoitado, ou libertá-lo. Sua conduta aqui determinará sua sorte. Entende?

Jesus nada responde.

É importante aqui verificarmos a clareza com que o diretor se expõe, não há julgamento por blasfêmia, há por sedição. A sua afirmação de que "somente" ele tinha autoridade para libertar ou condenar Jesus, além de ser verdadeira, no sentido histórico, também o era no sentido evangélico. Pilatos não foi descrito, por historiadores como um homem tíbio ou fraco, muito pelo contrário, para manter a ordem na Palestina ele chegou a praticar algumas crueldades[xxvii]. Além do mais, ele está acusando Jesus do crime mais grave da Legislação Romana à época: Lesa-Majestade. É o crime de pretender ser Rei, desejar tornar-se Rei numa jurisdição de Roma, ou melhor, de César, é o mesmo que dizer que se deseja tornar-se Rei no lugar de César. Para o crime de Lesa-Majestade a punição era a morte pura e simples[xxviii].

Mas, Nicholas Ray vai ainda mais longe, ofereceu ao calado Jesus representação:

Pilatos: Dou-lhe a oportunidade de defesa. O silêncio só irá prejudicá-lo. Ofereço outra oportunidade. Devido ao obstinado silêncio do acusado Lucius Catano é nomeado para a defesa. – dirigindo-se a um escriba – Registre que o acusado conta com representação.

Lucius, o mesmo centurião já citado anteriormente, aproxima-se de Jesus e lhe diz um destes chavões do Direito:

Lucius: Não posso defendê-lo se não confiar em mim.

Pilatos: deseja aconselhar-se com seu advogado? – diante do silêncio de Jesus, continua – O Julgamento prosseguirá.

Lucius: Em benefício do acusado... para que entenda a gravidade de seu caso. Peço que repita a acusação.

Pilatos: é acusado de se proclamar o líder enviado por Deus... para liberar os hebreus.

O centurião romano que havia sido enviado para espionar as atividades de Jesus está bem municiado de informações para a sua defesa, mesmo que o acusado não coopere. O que, inclusive, fica muito claro neste filme é a ausência de vontade de cooperação por parte de Jesus.

Lucius: O réu jamais desafiou a autoridade de Roma, seja por ato ou palavra.

Pilatos: Nos últimos anos, em repetidos atos e discursos, incitou o povo, condenou o pagamento de tributos...proclamou-se rei e fez saber que seu reino tem precedência sobre a jurisdição de Roma.

Lucius: Falou apenas no Reino de Deus. Nunca contestou a jurisdição de Roma sobre a Judéia.

Pilatos: Mas está implícito. Não pode haver divisão no poder da Judéia. Só pode haver um governante.

Lucius: Repito, sua alegação de ter uma missão divina na terra... não desafia o poder de Roma. E não compete a este tribunal julgar a realização de milagres.

Pilatos: Não é acusado por realizar milagres, mas por formar um reino. A defesa deve limitar seus argumentos à questão.

Lucius: É uma questão secular. Por tratado, Roma não interfere em assuntos religiosos na Judéia.

Pilatos: O tribunal está ciente disso e também da assembléia ilegal por ocasião do Sermão da Montanha, na Galiléia.

Lucius: Estive presente no Sermão. Submeti um relatório ao tribunal. Em nenhum momento incitou à violência. Ao contrário, falou somente de paz.

Pilatos: O tribunal leu o relatório. Aconselhou o povo a descartar suas posses e segui-lo. Como poderão pagar os impostos?

Lucius: A acusação deve ser reduzida à sonegação.

Pilatos: A acusação será mantida. - dirigindo-se a Jesus: É um Rei?

Jesus: É você quem me chama de rei. Meu reino é o reino de Deus.

Pilatos: Então é um rei?

Jesus: Vim a este mundo para dar testemunho da verdade. Quem crê na verdade me ouvirá.

Pilatos: O que é a verdade?

Jesus: quem é da verdade ouve a minha voz.

Pilatos: Pessoas têm sentimentos diversos. Não há mais do que uma verdade?

Jesus: Só há uma verdade, escrita nos mandamentos. Ame a Deus.

Esse diálogo, com certeza, é uma das partes mais interessantes da adaptação, pois quando Jesus foi da mesma forma questionado no Evangelho de João, não houve resposta. Seja lá quem for o responsável por essa adaptação, Yordan, Ray ou Fabbri, não resistiu em dar uma resposta a Pilatos, ainda mais que este silêncio de Jesus diante desta pergunta sempre foi incômodo. Não obstante, no texto evangélico ela soa apenas uma pergunta retórica, pois a verdade é a de quem está no poder. Aqui, novamente *King of Kings* inova, pela primeira vez respondendo a questão. E, busca no fecho central das pregações de Jesus a resposta. Claro que ela poderia ter sido bem outra, uma vez que Jesus já havia afirmado nos evangelhos *"eu sou o caminho a verdade e a vida"*, no entanto, esta significaria uma condenação imediata. O representante de

Jesus desvia muito bem a questão: *Lucius: Não é a verdade que está sob julgamento aqui. Mas um homem: Jesus de Nazaré.*

A sua afirmação mais importante é deixada de lado em favor da localidade. Para aqueles que costumam criticar este filme por não ter o que dizer a respeito da divindade de Jesus, essa fala me parece bastante boa. No filme não está se tratando de um Deus em julgamento, ou do filho dele, mas de um homem, um homem que vem de Nazaré. Reafirmando-se a sua humanidade, que já se afirmava em outros filmes anteriores, como o próprio *The King of Kings*, de 1927, e *Golgotha*, de 1935.

Pilatos: Nazaré? É Galileu? Então é da jurisdição de Herodes. Acaba de chegar a Jerusalém. Mande-o a Herodes.

Lucius: Herodes teme esse homem. Não haverá julgamento justo.

Pilatos: O tribunal assim decide. César está satisfeito.

Dito isso o julgamento está encerrado. Lucius aproximou-se e tomou da mesma taça da qual Pilatos bebia vinho constantemente. A cena do primeiro julgamento é uma das mais longas do filme, ficando atrás apenas da do Sermão da Montanha, tem seis minutos cravados de duração.

O julgamento perante Herodes é mais simples, e lembra muito aquele realizado por Duvivier, em 1935[xxix]. Apesar do pouco conteúdo das falas a cena é rodada de forma lenta, como que desejando aumentar a tensão. Possui também a presença de Herodias, que não parece estar lá nos evangelhos, e Salomé também ali se encontra. Herodes depois de algumas falas provocativas, mas que ainda são de certa forma respeitosas coloca sobre Jesus um manto vermelho.

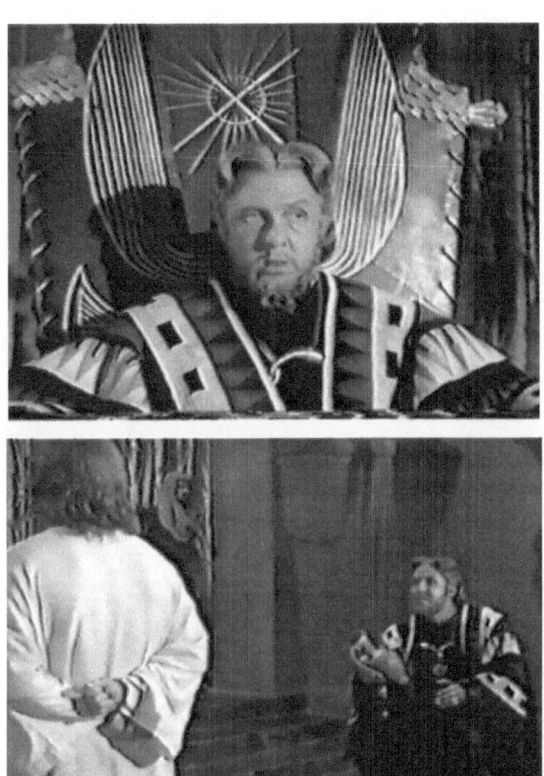

Julgamento perante Herodes

O manto vermelho em nada difere daquele de *The Robe*, a dificuldade com a cor aqui é simples, deseja-se dar a Jesus uma capa de realeza, no entanto, a realeza naquele período veste-se de púrpura, e é um manto desta cor que ele deveria ter recebido e não vermelho. No entanto, o manto vermelho já se firmara com o sucesso de *The Robe*. O tempo da passagem entre as imagens no julgamento de Pilatos e de Herodes é consideravelmente lento, para tentar demonstrar tensão, mas a déia geral é de que se trata de uma ritualística típica dos julgamentos. É um tempo ritual.

Aquele que seria o segundo julgamento perante Pilatos foi adaptado de tal forma que nem se trata de um julgamento propriamente dito, mas sim de ordens dadas pelo Procurador a respeito de Jesus. A seqüência é rodada na intimidade doméstica de Pilatos e Cláudia, sua esposa, ele dá ordens para um soldado:

> Pilatos: Açoitem-no! Soltem sua língua. Façam-no confessar.
>
> Cláudia: O que deve confessar?
>
> Pilatos: Sua conspiração?
>
> Cláudia: Qual?
>
> Pilatos: Os milagres.
>
> Cláudia: Qual o crime?
>
> Pilatos: Ele é diferente, e recusa-se a agir como os outros. – silêncio – se é capaz de influenciar até a filha de César... é perigoso.

Nesta cena vemos o retorno de Cláudia como uma defensora de Jesus, isto nós já havíamos testemunhado em Golgotha, do já citado Duvivier. Esta adaptação pode dever-se também à citação existente em Mateus, sobre mensagem dela durante o julgamento. Mas o crescimento desta personagem como uma defensora de Jesus parece dar-se, sobretudo por influência da cinematografia, onde aparece de forma muito mais clara neste papel.

Além disso, a acusação mais "interessante" de Pilatos tem muito a ver com o período no qual o filme foi rodado, na década de cinqüenta onde entre os jovens a mudança de comportamento assustava os mais velhos e onde ser diferente poderia significar algum perigo para a sociedade, ou simplesmente uma forma de rebeldia que definiria o comportamento da geração seguinte. Aí também se encontra o terreno fértil onde Ray fica à vontade, pois foram os filmes onde colocava personagens que não obedeciam os "padrões" que fizeram a sua fama. Neste momento Jesus é também julgado por não obedecer ao "padrão". Este é bem o diretor de *Juventude Transviada*.

Diz Pilatos que Cláudia é filha de César, trata-se de um equívoco histórico ou de um erro mesmo, proposital, para que Pilatos tenha uma desculpa sarcástica interessante para mandá-lo crucificar. O restante do drama transcorre sem grandes surpresas. Voltaremos a ele mais tarde.

O que deve ficar em mente é que o julgamento de Jesus, como feito em *King of Kings*, é resultado de uma adaptação complexa que reunia diversos fatores diferentes para pode ocorrer. Os dois mais importantes são com certeza oriundos um da televisão e outro da tradição cinematográfica americana. Nas séries de TV, *The Living Christ* e *Os Quinze Mistérios do Rosário*, vimos com grande insistência a elaboração de diálogos e situações que buscavam aproximar momentos da vida de Jesus da vida cotidiana do americano médio. Alguns destes episódios soavam até mesmo um pouco cômicos, como um centurião interrogando os discípulos e tomando notas, como se fosse um investigador, Maria e José, quando perdem Jesus menino no Templo, comparecem até uma guarnição romana, como se fosse uma delegacia, para acusar o desaparecimento, fora as inúmeras cenas de cotidiano doméstico colocadas nas duas séries. Já se buscava de alguma forma, anteriormente a *King of Kings* adaptar a estória de Jesus para uma nova realidade.

A outra questão importantíssima envolvida neste julgamento, e talvez a mais importante é a desculpabilização dos judeus no processo de condenação. Vimos anteriormente que os grupos de pressão judaicos estavam tão atentos quantos os grupos católicos para a imagem que deles seria veiculada; isto muito antes da Segunda Guerra Mundial, depois desta a vigilância tornaria-se ainda maior, agora por causa das conseqüências do holocausto. Neste quesito, *King of Kings* chega a ser visionário, uma vez que O Concílio Vaticano II, de 1965, iria desculpabilizar os judeus com a publicação do documento *Nostra Aetate* (Nossa Época). E, *Nossa Época*, é exatamente o que significa a estória de Jesus em *King of Kings*, ela inteira está formulada a partir do ponto de vista da política, das relações de poder entre Estado e Cidadãos e as conseqüências do desenvolvimento desta ou daquela ideologia.

Elementos novos agregados

As Tentações no deserto e a voz do diabo

O grande elemento novo, que encontra-se nos evangelhos e que é agregado pela primeira vez de forma integral e sem grandes interpretações são as Tentações que Jesus sofre quando se retira para o deserto após o seu batismo. Os textos, que se encontram em Mt 4: 1-11; Mc 1: 12-13 e Lc 4: 1-13, e que recebem sua plena ampliação e extensão apenas em Mateus, pois em Marcos o episódio é apenas citado, tornou-se praticamente obrigatório nos filmes posteriores. O diabo é representado por uma voz in off que recita as falas do texto de Mateus. É interessante observar que em *The Greatest Story Ever Told*, de George Stevens, de 1967, e *Il Vangelo Secondo Matteo*, de Pasolini, de 1964, o diabo é personificado por um homem. Em *King of Kings* Satanás é uma voz, uma voz poderosa.

Podemos nos relembrar de que esta interpretação da margem à uma conexão que pode ser equívoca, mas possível, entre a "fala", o "verbo" de Deus. Há, verdadeira ambivalência uma vez que o mesmo tipo de construção teológica, encontrada no evangelista João, passa a designar tanto Deus como o diabo neste filme, que por este artifício aproxima-se de Jesus. Ora, o diabo surge como uma voz, uma fala, sem corpo, que, tanto como Jesus era o "verbo" de Deus, com a diferença de que não se encarnou. Como afirmei acima, pode ser uma relação equívoca, mas possível e precisa ser lembrada. Até o momento esta relação passou despercebida aos críticos em geral.

Evidentemente, as Tentações de Jesus neste filme não têm aquela qualidade interpretativa que tinham no filme The *King of Kings*, de 1927, onde pudemos observar uma utilização bastante interessante das tentações de Jesus, no momento em que ele entra em Jerusalém e não no deserto. Uma vez que todos criticam este filme como "inadequado" é importante relatar o acerto de algumas de suas novidades.

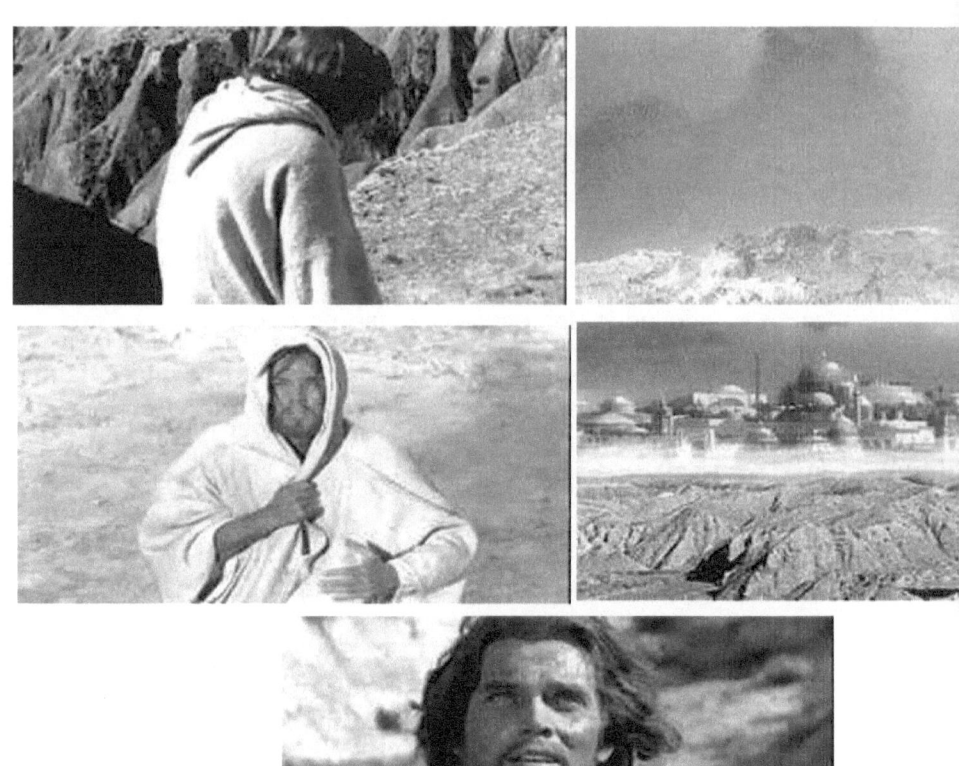

Voz off nas Tentações no Deserto

A valorização do papel de João Batista também se trata de um elemento novo agregado à trama, mas já comentado anteriormente, por essa razão não voltarei a ele neste momento. Também foi incluído um episódio bastante instrutivo realizado todo apenas pela voz do narrador e por imagens de Jesus caminhando por um deserto com os discípulos, chegando inclusive a enfrentar uma tempestade de areia. Segundo o narrador ele assim agiu para melhor instruir os discípulos para depois poder enviá-lo na missão de pregar o Reino de deus. No filme esta seqüência tem a função de deixar claro tanto para os discípulos quanto para os espectadores que a mensagem de Jesus não poderia ser tomada de forma equívoca quanto à sua finalidade, ele não veio pregar a guerra mas a paz, ele não era portanto o Messias num sentido político como se poderia esperar. Este trecho novamente coloca Jesus como uma espécie de professor ou de Rabino, nome este que chega inclusive a ser citado mais de uma vez durante o desenvolvimento da diégese. Veremos a confirmação disto pela voz de todos os outros críticos. Seria a imagem Cristológica aqui representada a de Jesus o professor?!

O Sermão da Montanha

A análise do texto utilizado no Sermão da Montanha, que poderia parecer contra producente por causa de sua extensão é bastante útil, uma vez que permite perceber a sua estrutura e seus temas. Tendo em vista a já referida qualidade do roteirista (s) a seqüência mais importante do filme não poderia deixar de ser analisada passo a passo. Neste texto não apenas a mensagem do "Jesus do filme" é colocada de maneira clara, mas também a sua personalidade surge de forma homogênea.

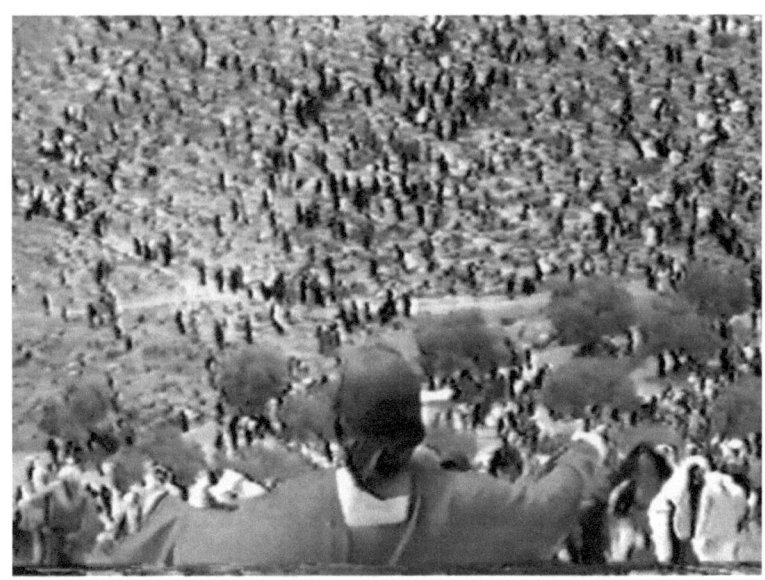

O Sermão da Montanha

No texto abaixo, retirado da seqüência do Sermão da Montanha, exatamente na ordem em que é dito, pude perceber cinco temas, desta forma também o dividi em cinco partes onde eles ocorrem com mais ênfase. Um assunto como as imagens cristológicas, p. ex., ocorre ao longo do texto, e essas imagens encontram-se destacadas em negrito.

Primeira parte – Bem-aventuranças Mateus

Jesus: Bem aventurados os humildes, por que deles é o Reino dos céus. Bem aventurados os fracos, por que herdarão a terra. Bem aventurados os que têm fome e sede de justiça, por que serão fartos. Bem aventurados os piedosos por que obterão piedade. Bem aventurados os que choram, porque serão consolados. Bem aventurados os puros de coração, porque verão a Deus. Bem aventurados os pacificadores, porque serão chamados filhos de Deus. Bem aventurados os perseguidos por causa da justiça, porque deles é o reino dos céus.

Alguém: Dê-nos um sinal dos céus! Prove quem é!

Jesus: Bem aventurados os que são injuriados e separados da companhia dos homens e acusados de todo mal por causa do **Filho do Homem**.

Segunda Parte – Tolerância a Regra áurea.

Começa a caminhar entre as pessoas.

Alguém: Quando virá o Reino de Deus?

Jesus: Não o verá chegar. Ninguém dirá: "aqui está"...Pois o reino de Deus está dentro de vós.

Alguém: **Rabino**, o que devo fazer para herdar a vida eterna?

Jesus: O que está escrito na lei? Amar a Deus com todo o coração, com toda a alma, com toda a força e mente. E amar o próximo como a si mesmo. Faça isso, e terá a vida eterna.

Alguém: Sou condutor de camelos, quem é meu próximo?

Jesus: Aquele a quem mostra compaixão mesmo que não conheça.

Alguém: É o Messias?

Jesus: (responde in off sobre a imagem de Maria) Sou o **Bom Pastor**, que sacrifica a vida por seu rebanho.

Alguém: Fala contra a lei e os profetas.

Jesus: Não vim revogar a lei ou os profetas, mas para cumprir. Por que em verdade vos digo: Amai vossos inimigos. Abençoai os que vos difamam e orai pelos que vos desprezam e perseguem.Pois se amardes somente os que vos amam que recompensa tendes?

Alguém: Se é um homem santo, por que come com pecadores e coletores de impostos?

Jesus: Os sãos não precisam de médico, e, sim os doentes. Não vim chamar os justos, mas os pecadores.

Terceira parte: desapego aos bens terrenos.

Alguém: Sou coletor de impostos. Sou devoto, mas, mesmo assim, me desprezam. O que devo fazer?

Jesus: Ninguém deve servir a dois senhores. Odiará a um e amará o outro ou se devotará a apenas um. Não pode servir a Deus e as riquezas (imagem de Judas). Por isso vos digo não andeis ansiosos por vossa vida, por vosso alimento, nem pelo vosso corpo ou por vossas vestes. Não é a vida mais do que o alimento? (para sobre Cláudia) e o corpo mais do que as vestes? Observai as aves do céu, não semeiam, não colhem, nem juntam em celeiros, e, no entanto, Deus as sustenta. Não valeis mais do que as aves? Considerai como crescem os lírios do campo. Não trabalham nem fiam. E, qual de vós por ansiedade, pode acrescentar um momento à sua vida?

Alguém: Nós cremos em ti, mas somos pobres, nada podemos ofertar. Como demonstrar nossa fé?

Jesus: Já o fez, com suas palavras. Vinde a mim, todos vóis que estão cansados e sobrecarregados e eu vos aliviarei.

Quarta parte: Confirmação do Messianato.

Alguém: **Rabino**, acredito que seja o **Messias**, como servi-lo?

Jesus: O **Filho do Homem** vem servir, não ser servido. Aquele entre vós que for grande deve servir. Aquele que for o primeiro deve ser escravo de todos.

Alguém: Já ouvimos a voz de falsos **Messias**. Como saber se não é enviado de Satanás?

Jesus: todo reino dividido contra si mesmo não subsistirá. Se Satanás está dividido contra si mesmo, como subsistirá seu reino? Como pode Satanás expelir Satanás?

Alguém: Vejo carne e sangue diante de mim. É apenas um homem. Por que dizer **Filho de Deus**?

Jesus: Se não realizo os feitos de meu Pai, não acredite em mim. Mas, se os realizo e, ainda assim, não acredita, acredite em meu trabalho.

Alguém: Se faz milagres, peça a Deus para destruir os romanos e nos libertar.

Jesus: Não tentarás o Senhor teu Deus.Os romanos são conquistadores. Quem os conquista é igual a eles.

Quinta parte: a Fé e a oração.

Alguém: O que é a fé, **rabino**?

Jesus: Se a vossa fé não é maior do que esse grão de mostarda e ordenais à montanha para que se mova a montanha se moverá. Nada é impossível.

Alguém: Como julgar um transgressor?

Jesus: Não julgues para não seres julgado. Pois serás julgado com teus critérios. Por que vês o argueiro no olho do tu irmão, mas não reparas na trave de teu próprio olho? Hipócrita, tira primeiro a trave do teu olho e então verás claramente para tirares o argueiro de teu irmão. Não deis aos cães o que é santo ou lancei ante os porcos vossas pérolas, para que não as pisem e voltando-se, vos dilacerem. Pedi e recebereis. Buscai e achareis. Batei e abrir-se-vos-a. Pois todo o que pede, recebe.E o que busca encontra. E a todo o que bate, a porta se abre. Qual dentre vós é o homem que dará ao filho uma pedra se lhe pedir pão? Ou uma cobra se pedir peixe? Ora, se vós que sois maus sabei dar boas dádivas aos vossos filhos, quanto mais vosso Pai dará coisas boas aos que lhe pedirem? Fazei aos homens o que quereis que vos façam.Pois essa é a Lei e os profetas.

Alguém: Ensina-nos a orar.

Jesus: (música impressiva, algum tempo se demora) Pai nosso, que estais no céu, santificado seja o vosso nome. Venha a nós o vosso reino, seja feita a sua vontade, assim na terra como no céu. O pão nosso de cada dia nos daí hoje e perdoai nossas ofensas assim como perdoamos aos que nos têm ofendido. Não nos deixe cair em tentação, mas livrai-nos do mal. Pois vosso é o reino e o poder e a glória para sempre. Amém. (encerrado com um coro cantando de fundo).

Se não podemos dividir pura e simplesmente o texto em cinco partes distintas, como está sugerido acima, ao menos os cinco temas sugeridos como títulos das partes podem ser claramente percebidos:

1. As Bem-Aventuranças encontradas em Mateus e Lucas e que abrem o Sermão da Montanha em Mateus;

2. Tolerância e a Regra Áurea;

3. Desapego aos Bens Terrenos;

4. Confirmação do Messianato;

5. A Fé e a Oração.

O Primeiro item, mais do que um tema trata-se de uma escolha do roteirista, esta é a parte com a qual todas as pessoas estão acostumadas a relacionar como sendo do Sermão da Montanha. O texto evangélico referente a este episódio é extremamente longo, trata-se de um conjunto de ensino difícil de se adaptar. Por isso a escolha o roteirista dos próximos quatro itens é mais importante. Este é o corpo da sua mensagem, o Jesus do filme está pregando a tolerância e o amor ao próximo, o desapego aos bens terrenos e a sua inutilidade para a manutenção da vida, em seguida, tendo em vista uma necessidade de clareza mesmo do roteiro definem se Jesus é ou não o Messias – conclui-se que sim. Mas, como pode ser percebido pelo número de vezes que ele é interpelado pela palavra "rabino" e pela maneira que ele procede após a realização das Bem-aventuranças, fica claro que a sua imagem cristológica é a do "professor". O Rabino, rabi, ou na sua versão carinhosa "Rabboni", significa mestre.

No entanto, no filme, existe um óbvio desejo de se elaborar a imagem de um "Messias da Paz", que, como Tatum bem nota não se trata de uma imagem cristológica existente nos textos evangélicos. Ele lembra que nos evangelhos Jesus nunca é associado a essas palavras desta forma, e que com ele estaria melhorar: *"Filho de Deus, Cristo, Filho do Homem e ainda Rei dos Reis; mas, Messias da Paz, não".*[xxx] Lembremos que a que mais se aproxima é a de "Príncipe da Paz". A imagem de Messias da Paz é elaborada, como pudemos perceber, dentro da mais perfeita ficção e manipulação dos textos evangélicos. No filme, da mesma forma que num texto de argumentação teológica, faz-se seleção de alguns textos que demonstram e comprovam o que se está dizendo, além de acompanhar esta comprovação com as imagens. Essa percepção de Jesus vincula-o à causa ou questão da paz, seja como o Príncipe ou o Messias da Paz, já havia sido explorada antes em *The Living Christ*, inclusive, como comentado, explorando o tempo de duração das imagens e dos diálogos.

O que mais salta aos olhos no Sermão da Montanha é que ele reúne ao menos algumas idéias básicas que seriam prontamente aceitas pelos movimentos jovens da década de sessenta e do início da década de setenta: tolerância, desprendimento dos bens terrenos. Inclusive este último quesito é lembrado por Pilatos no julgamento, também fictício, *"como as pessoas irão pagar impostos se não trabalharem?"*

No que tange à questão de Jesus o "professor" o episódio do Sermão da Montanha é altamente ilustrativo. Nele Lloyd Baugh[xxxi] critica a forma como Jesus prega, pois ele responde a perguntas depois de fazer uma curta pregação, fala em tom coloquial, como se desse uma entrevista. Este pesquisador se esquece que na época não havia megafone e nem auto-falantes e que de uma forma ou de outra, gritando ou conversando, os que estivessem distantes não ouviriam praticamente nada (vide *A Vida de Brian*). Além disso, esquece-se que antes de *King of Kings* o único Sermão da Montanha visualmente representado em imagens foi o da série *The Living Christ* – que modestamente ateve-se apenas à primeira parte já citada.

O filme de Ray inova por agregar ao conjunto da estória de Jesus um elemento que antes não era utilizado. E, novamente temos aqui uma provável influência da série televisiva. Mas, para além de tudo isso, o jogo de perguntas e respostas é uma bem conhecida técnica de ensino da Antigüidade, era assim que os filósofos buscavam ensinar as suas doutrinas morais, foi assim com Sócrates, com Aristóteles, com Zenão, Epicteto e assim por diante. Não há nada de estranho que o diretor escolhesse realizar a cena desta maneira. A crítica de Baugh não parece mais do que má vontade para com o filme.

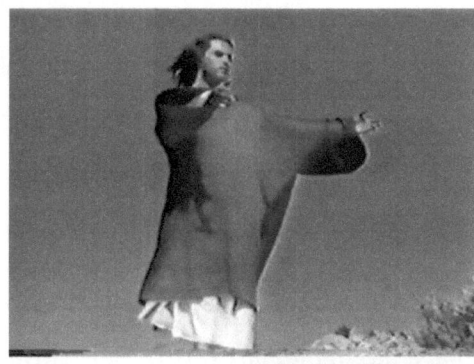

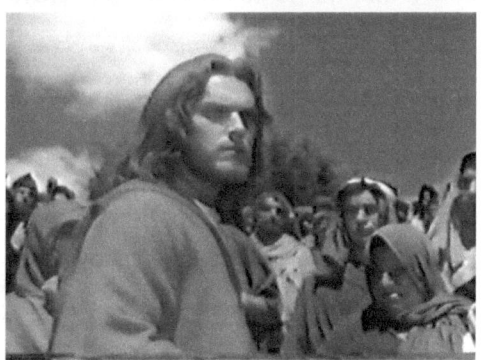

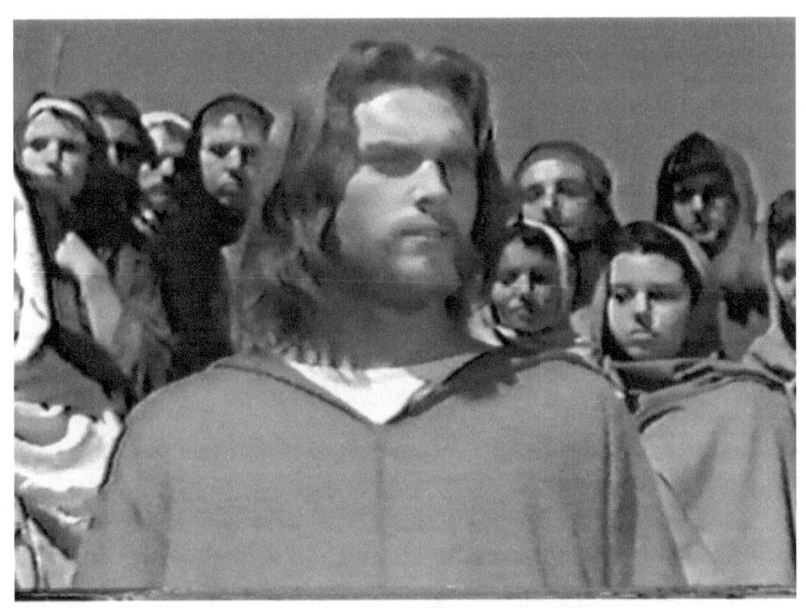

"Americanismo", azul, branco e vermelho prevalecem

Outro detalhe que não pode passar despercebido e que é muito mais visível no Sermão da Montanha é um certo "americanismo". As imagens que se juntam são evidentes por demais para que não façamos coro com Moira Walsh ao se referir "aos azuis olhos americanos de Jesus", que por sinal, pertencem a um ator com o qual a juventude de alguma forma se identificou por algum tempo. Dirigido por um diretor que tratava de assuntos caros para a nova geração, como "rebeldes sem causa", ou seja, questões sociais e conflitos de geração. Não bastando o fato de Ray ter fincadas em si profundas raízes de americanismo, é preciso prestar-se atenção no fato de que este é um dos primeiros filmes em cores da vida de Jesus Cristo. De um grande produtor é o primeiro. Jesus veste-se com uma túnica branca, o que, de certa forma, pode ser visto em vários filmes, mesmo os realizados em preto e branco, no entanto, aqui ela aparece praticamente coberta por um manto vermelho.

Manto este que anteriormente já filiei à imagem gerada por *The Robe*, no começo da década de cinqüenta, o mesmo filme que deu início ao processo do *Cinemascope* e a uma série de filmes épicos.

Mas, só o vermelho/branco não são bastante, foi preciso que Nicholas Ray colocasse várias vezes Jeffrey Hunter sobre um fundo de céu azul, limpo, sem nuvens. Um céu no estilo barroco: esmagador, ocupando a vastidão da tela. Para que se pudesse vislumbrar o branco, o vermelho e o azul, as cores da bandeira americana. Apesar da idéia parecer estranha, basta apenas se visionar o filme nesta parte, prestando-se a atenção na dominância dos tons de vermelho sobre toda e qualquer outra cor, com exceção do azul do céu. A Grande panorâmica que mostra estes vários elementos em conjunto é espantosa e bela. Claro que essa é apenas uma especulação, no entanto, há elementos demais unidos numa mesma cena para que ela não seja plausível, desde a cor do manto de Jesus – que nunca se soube qual era - até os olhos azuis de Hunter...

A Questão da Beleza ou Fealdade de Cristo

E, já que chegamos aos olhos azuis do ator, pensemos outro aspecto que realmente incomoda alguns críticos. Uns notam, como Baugh, que ele não possui olhos "semíticos"[xxxii], seja lá o que for isso[xxxiii], outros, como o documentário feito para TV *"Jesus no cinema"* percebem que Jesus nem "sua" ao carregar a cruz, e eu digo mais, há uma perceptível exploração da beleza física do corpo do ator, tanto durante a flagelação, como durante o episódio da crucificação. Jeffrey Hunter era um homem belo, com corpo bem feito, pele bem cuidada, bronzeado, sem pelos e possuidor de imensos olhos azuis. A sua fama como um ídolo entre a juventude não era apenas por causa da sua atuação, ele que já havia sido desportista também, obviamente despertava o interesse das mulheres.

Essa questão extremamente importante que vem sendo deixada de fora de todas as discussões é a da "beleza" ou "feiúra" de Cristo. E, ela é importante, porque ajuda por outros caminhos a definir porque os "olhos azuis" de Jeffrey Hunter são perfeitamente aceitáveis no papel. Inclusive, por que sofrem uma certa exploração, uma vez que aparecem várias vezes em primeiríssimo plano, e temos que pensar no efeito que isto tem se mostrado numa imensa tela, em Cinemascope. No momento da Santa Ceia, quando Jesus diz a Judas *"o que tiver de fazer faça logo"* são feitos três planos contra-planos de Judas, em primeiro plano, e dos olhos de Jesus, em plano de detalhe frontal, sugerindo que aquela era uma ordem irresistível.

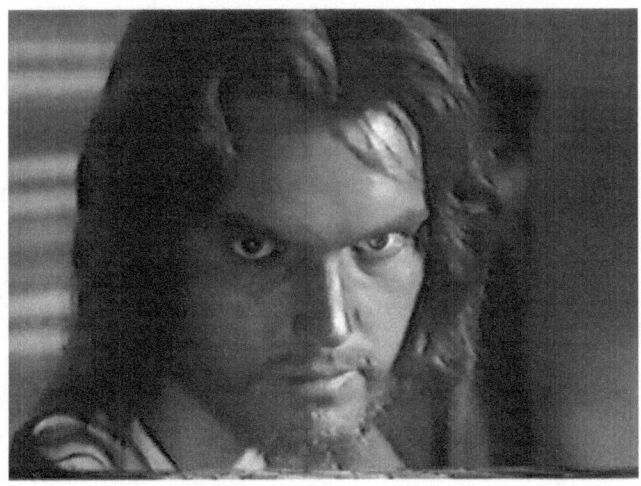

A opção pelo Cristo Belo

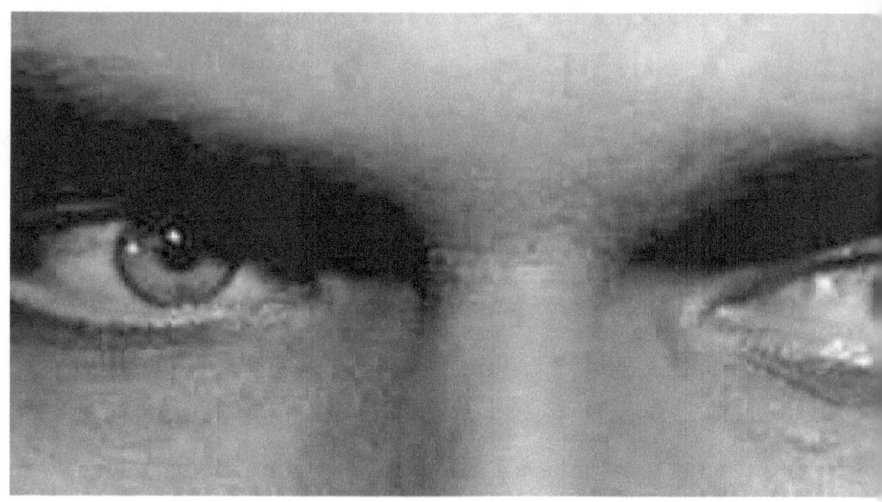

Os olhos azuis de Jeffrey Hunter

Como se sabe não há descrição alguma do físico de Jesus nos textos Evangélicos canônicos, Georges Gharib, em *Os Ícones de Cristo*[xxxiv], esclarece-nos que desde muito cedo as primeiras comunidades cristãs não se resignaram muito à falta de notícias sobre a sua aparência. E, como quase tudo o que se referia ao Messias, foram buscar informações no Antigo Testamento. Num dos cânticos do *"Servo de Iahweh"*, retirado de Isaías (53:2-3, lê-se:

> Ele não tinha beleza nem esplendor que pudesse atrair o nosso olhar, nem formosura capaz de nos deleitar. Era desprezado e abandonado pelos homens, um homem sujeito à dor, familiarizado com a enfermidade, como uma pessoa de quem todos escondem o rosto; desprezado, não fazíamos caso nenhum dele.

Por outro lado, um cântico messiânico em forma de místico epitalâmio tinha exclamado: *"És o mais belo dos filhos dos homens, a graça escorre dos teus lábios, porque Deus te abençoa para sempre"* (Sl 45,3). Estes textos eram alegóricos, um significando as dores do Messias, e o outro o seu triunfo. No entanto, não faltaram cristãos para tomá-los ao pé da letra e logo não demorou para surgirem os partidários da Beleza e da Fealdade de Cristo.

Os partidários da Fealdade de Jesus se encontram entre os cristãos mais antigos, e se referem à passagem de Isaías. Para São Justino Mártir, Jesus era disforme; para Clemente de Alexandria, era feio de rosto; segundo Tertuliano era sem beleza e o seu corpo não tinha formosura. Até mesmo num texto apócrifo os *Atos de João*, datado de cerca de 140-150, há uma menção, feita supostamente pelo discípulo João:

Quando nos afastamos daquele lugar para segui-lo então me apareceu com a cabeça quase calva, mas com uma barba que descia quase cerrada (...). O que mais me fez admirar foi que, querendo observá-lo sozinho, não reparei que os seus olhos fizessem menção de se fechar; estavam sempre abertos. Muitas vezes me aparecia como um homem pequeno e feio e depois, outras vezes, como alguém que olhava para o céu.[xxxv]

Os partidários da Beleza de Cristo são muito mais numerosos e mais recentes, a partir do séc. III, e todos têm sua origem no trecho do salmo citado. Vemos aceitar e divulgar essa idéia: Efrém sírio, Gregório de Nissa, João Crisóstomo, Teodoreto, Jerônimo, etc. Efrém refere-se a Jesus como parecido com o Pai (Deus) e com a mãe Maria, e que ele era belo como esta. Rapidamente os partidários da beleza física de Jesus agarram-se à idéia de que Maria, extremamente bela segundo a tradição, só poderia ter tido um filho igualmente belo. Entre os diversos retratos citados por Gharib, passando pelos séculos II ao VIII, interessa-nos particularmente um que é atribuído a Germano de Constantinopla, morto em 733 na luta iconoclasta, pois ele será reencontrado e passado à diante em diversos manuais de pintura religiosos, sendo ainda utilizado no séc. XVIII:

O corpo do Homem-Deus mede três braças, é um pouco encurvado e mostra o hábito da doçura; tem belas sobrancelhas unidas, olhos belos, belo nariz, a pele cor de trigo; a cabeça com cabelos crespos e um pouco louros; a barba, porém, é preta e os dedos das puras mãos são proporcionalmente longos; seus modos são simples, segundo o caráter daquela que o gerou, de quem recebeu viva e perfeita humanidade.[xxxvi]

Com essa rápida citação da questão da Beleza ou Fealdade de Cristo, desejo apenas validar a escolha de Jeffrey Hunter para o papel. Não é o fato dele ser belo, ou de que tenha uma típica beleza americana, que o desqualifica de qualquer maneira para a atuação ou representação da imagem de Jesus. Trata-se de uma escolha, uma escolha pela beleza. E, se nós tivermos em mente os diversos atores que passaram anteriormente pelo papel, como H. B. Warnner, Robert Le Vigan (este um feio consumado), Robert Wilsom, perceberemos sem muito esforço que neste quesito também o filme *King of Kings* inovou, ele foi o primeiro a ter assumido a beleza de Cristo. E, neste caso, também a beleza do olhar de Cristo. A descrição de Germano de Constantinopla dá Jesus como tendo cabelos alourados e barba preta, e, ele é de Constantinopla, onde a nossa "imaginação" só vê pessoas morenas. Então, não importa muito que aspectos essa beleza toma, se são o corpo, os gestos, ou os olhos, importa que ele seja belo. Belo como entendem os contemporâneos do ator.

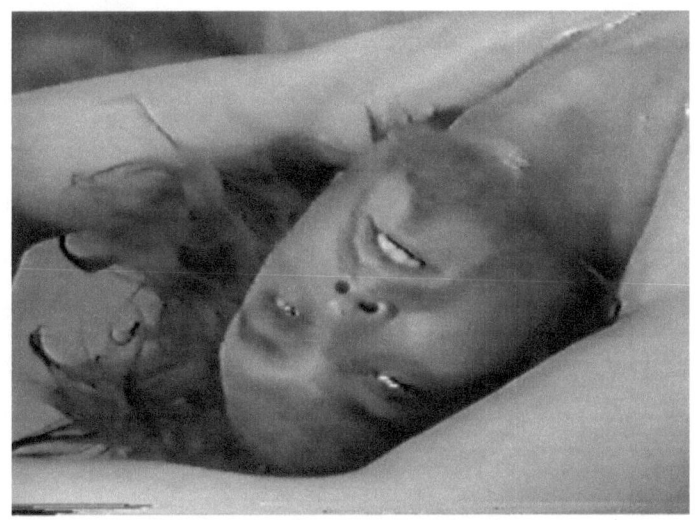

A crucificação de Hunter

Não costumo adiantar-me para capítulos posteriores, mas é ilustrativo saber que ao conhecer Robert Powell, protagonista de *Jesus of Nazareth*, de 1977, o diretor sondava-o para o papel de Judas, mas quedou-se diante daqueles imensos olhos azuis e se perguntou: *"Se Judas tem estes olhos, como os terá Jesus?"* E, contratou-o para representar Jesus. O olhar do Cristo, a cor dos seus olhos e o que se sente ao vê-los passou a importar.

Os Enxugamentos na Narrativa Tradicional

O Tradicional Renovado

Outro dado que vem sempre passando despercebido são os que eu chamei de "enxugamentos". Já estava se estabelecendo, desde o século XIX uma tradição de quais cenas eram importantes, como vimos anteriormente, e estas passavam necessariamente por uma representação mais detalhada. Os filmes que optaram por tratar da vida de Jesus por inteiro jamais haviam antes, p.ex.,deixado de lado a Anunciação, Ray simplesmente não a filma, os episódios em torno do Nascimento são os mais esquemáticos possíveis. Quando percebemos lá está o "presépio" montado, com burro, vaca, manjedoura, Maria, José, pastores e Reis Magos. O longo estabelecimento destas "imagens" permitiu que Ray renunciasse a mostrá-las. Desta forma ele ficou livre para tratar de episódios, inclusive relativos ao fictício, que ele achou mais importante para a trama do filme.

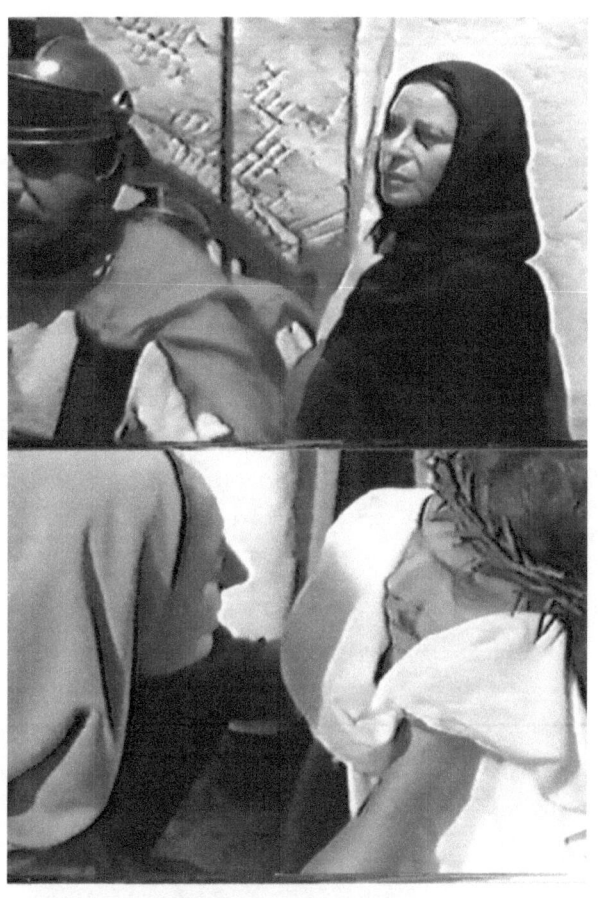

Maria e Verônica ao lonmgo da via-crucis

A ousadia nos "enxugamentos" é ainda mais flagrante se observarmos a Via Crucis. Nela estão presentes todos os elementos tradicionais, o encontro com Maria, Verônica e seu véu, Simão o Cireneu e a consolação ás mulheres de Jerusalém. Como o diretor escolheu não mostrar uma multidão de judeus seguindo Jesus no momento da crucificação ele reduziu todos estes elementos, que aconteciam ao longo das diversas "quedas" de Cristo ao longo do caminho a uma única queda. Nela todos os elementos se reúnem e se sucedem. Isto permitiu que Nicholas Ray continuasse com seu truque de não responsabilizar a multidão de judeus. Evidentemente que isso esvazia um pouco a dramaticidade da *via-crucis*, mas isso não era tão importante, uma vez que o clímax do filme se concentrava não no "sacrifício" de Jesus, mas na sua mensagem no Sermão da Montanha. Até na Ressurreição há economia, Ray põe Maria Madalena, a primeira a ver Jesus ressuscitado, dormindo do lado de fora o túmulo deste, ao em vez de ao amanhecer ir até lá, como consta dos textos canônicos. Com paciência, ao longo do filme, uma série de "enxugamentos" podem ser percebidos, Ray não se rende ao tradicional apesar de mantê-lo e desta forma renova na maneira de mostrá-lo.

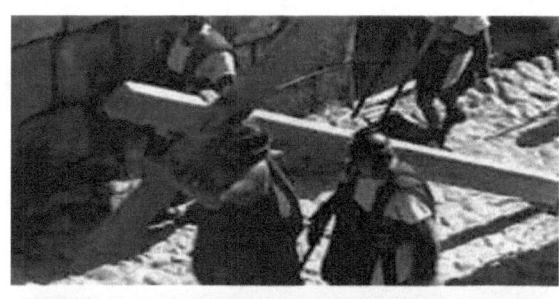

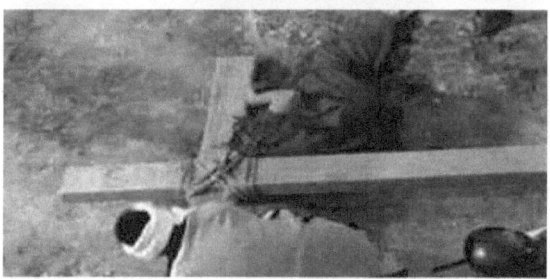

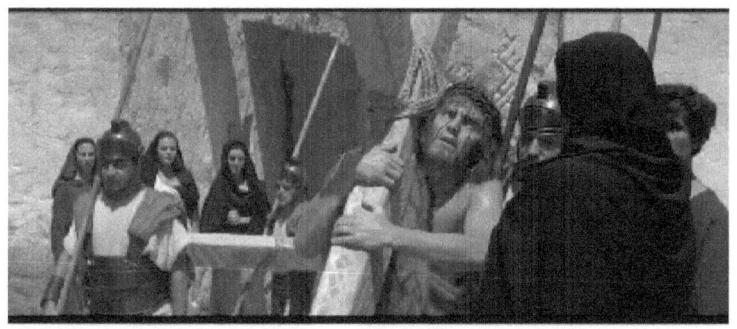

Crucificação com ausência do povo judeu

Essa percepção de Ray evidentemente deveria irritar qualquer religioso da época, pois ele claramente estava fazendo escolhas teológicas, ele não desejou trabalhar com a idéia de que Jesus era o "redentor" dos homens e que veio para libertá-los do pecado através do seu sacrifício, idéia esta, como se sabe, típica da concepção Paulina. A idéia de Ray é a de que Jesus é o "Bom Pastor", ou seja, o instrutor, o guia dos homens. Essa idéia novamente pode ser comprovada se se lembrar da visita e Madalena à Virgem Maria, onde esta relembra a parábola da ovelha desgarrada.

Revisão Crítica e Recepção do Filme

Neste instante de nosso trabalho aproximamo-nos de filmes mais extensamente analisados pela crítica e pelos pesquisadores em geral. Isso nos possibilita uma melhor troca de idéias com alguns interlocutores importantes já citados anteriormente. No entanto, nem sempre por se tratarem de pesquisadores diferentes apresentam idéias originais ou diversas entre si. Em razão talvez da distância mesma que os separa, cada qual em seu país, eles contentam-se muitas vezes em apenas citarem e repetirem as idéias de outros pesquisadores. Normalmente acatam a crítica que foi feita no período do lançamento do filme, mas todos eles:

Baugh, Stern, Tatum e Solomon, beberam da fonte de Kinnard e Davis. Infelizmente, nem sempre tiveram a mesma percepção crítica destes autores. Pois, Kinnard e Davis conseguem avaliar e ao mesmo tempo, num curto texto, reavaliar as qualidades de *King of Kings*.

Tatum é quem sempre traz o maior número de informações, no entanto, relativamente a um posicionamento seu em relação ao filme ele deixa a desejar. Stern amplia com contextos históricos mais refinados o que foi dito por Kinnard e Davis, e Lloyd Baugh parece suprir as suas deficiências com sarcasmo; no entanto, deixa suas posições claras, não encontrou em *King of Kings* nada relativo à divindade de Cristo, e isto o incomodou deveras.

Há alguma similaridade no conjunto de elementos notado por estes pesquisadores. Kinnard e Davis percebem uma ausência significativa:

O curioso texto de Yordan, apesar de transladar muito bem muitos dos pronunciamentos e eventos dos Evangelhos, ignora totalmente um material com rico potencial dramático, como os milagres de Jesus. Apenas um milagre é mostrado, quando a sombra de Jesus cai sobre um homem cego e o cura[xxxvii].

Lloyd Baugh, além de notar a ausência de milagres, também sentida por Barnes Tatum, cita outros episódios ausentes do filme, cuja omissão lhe parece incompreensível, uma vez que estes são ilustrativos da divindade de Jesus: a transfiguração, a ressureição de Lázaro, as predições de Jesus sobre sua morte e ressurreição, a expulsão dos mercadores do templo, e seu crescente conflito com as autoridades religiosas judaicas.[xxxviii] Para ele o crítico Bosley Crowter sumariza bem ambos, os fatos e efeitos da manipulação de Ray sobre os Evangelhos, dizendo que ele havia *"ofuscado as curas, evitado os milagres e pulado todo o julgamento. O drama essencial da questão messiânica tinha sido esquecido."*[xxxix]

Barnes Tatum chama atenção para o fato de que foram retiradas do roteiro muitas cenas de violência e confrontação; Jesus não prega na Sinagoga; não faz expulsão dos mercadores; e não tem armas na prisão no Getsêmani[xl].

De imediato podemos perceber nestes pesquisadores uma busca comum pela divindade de Jesus no filme. Kinnard e Davis, conferem à quantidade de milagres representada algo de especial, Baugh acredita que eles poderiam ter contribuído como elemento dramático. No entanto, pude perceber que a qualidade poética das imagens que representam os milagres e curas dispensou perfeitamente a sua dramatização, pois eles me pareceram suficientes para darem a informação de que Jesus efetivamente curava e fazia milagres. Estes elementos que encarecem a divindade de Cristo e que fazem parte da sua constituição messiânica, no caso ausentes, fizeram com que Tatum notasse também a omissão dos episódios nos quais Jesus era mais "enérgico". Vimos anteriormente que estas ausências tinham um caráter útil para a imagem cristológica que o filme desejava mostrar a do Messias da Paz, logo, os episódios nos quais a paz não era o tema ou lembravam violência vinculada imediatamente a Jesus foram excluídos. Essas ausências não podem ser vistas como falhas do filme,uma vez que o se sentido era outro, diferente do esperado pelos pesquisadores.

Um dado importante acrescentado à estória de Jesus foi a introdução, que utilizou textos do historiador judeu Flávio Josefo, sobre isso Jon Solomon, cujo trabalho busca questões relativas à história, comenta o acerto em se utilizar este autor na Introdução, com a invasão de Jerusalém pelas tropas de Pompeu o Grande, e no momento em que Pilatos mandou colocar as efígies de Tibério nos pilares do Templo[xli]. Interessante que Solomon falha num quesito de história facilmente verificável, principalmente por ter acesso aos textos de Josefo. A segunda parte do filme inicia-se com a chegada de Pilatos e Cláudia à Judéia, este como o novo Procurador, mas o dado é incorreto, pois por ocasião da Crucificação Pilatos já era Procurador da Judéia havia alguns anos (Hain Cohn). Ele também não estranha o fato da falsa filiação de Cláudia, dada como filha de Tibérius e, logo, Pilatos com possibilidade de sucessão imperial.

Ao comentar a citação que é feita de Josefo, Tatum é feliz ao afirmar que se trata sobretudo de um filme de "ação", principalmente se comparado com o de DeMille, que começa com um banquete na casa de Maria Madalena. Flávio Josefo em suas duas obras monumentais A Guerra Judaica e Antingüidades Judaicas, escritas no séc. I d.c., faz a história da Palestina naquele período e representa a fonte narrativa mais importante para o conhecimento daquela época.[xlii] Mas ele vai além, pensa que o espectador atento irá reconhecer questões políticas importantes que aconteceram entre a produção de 1927 e a de 1961; como o holocausto dos judeus na Segunda Guerra Mundial e a Questão palestina com os árabes, para isso ele cita como exemplo o fato de no filme Herodes, o Grande, é descrito como um árabe de uma tribo de Beduínos; e, portanto, não um amigo dos judeus, mas um inimigo. Apesar de concordar com o raciocínio de Tatum, a sua relação com Herodes está mau provada, pois de fato, se não se pode dizer que ele era um árabe Beduíno também não se pode dizer que ele era judeu, pois Herodes o Grande era Idumeu de origem, e por esta razão não foi bem aceit pelos judeus, mesmo que lhes fizesse o mais belo templo.

Mas, sem sombra de dúvida o dado mais desconcertante para todos os pesquisadores, sem exceção, foi a valorização excessiva do papel de Barrabás, o qual pudemos analisar detidamente. Para Kinnard e Davis, trata-se sobretudo de "ficção presunçosa" e que encobre as motivações de Judas Iscariotes *"apresentando-o apenas como um bode expiatório confuso"*[xliii]. Baugh trata o assunto não como "ficção" mas como distorções, e entre as mais graves encontra as duas cenas de batalhas uma na abertura e outra no momento de "Domingo de Ramos": *"Criadas para ilustrar o conflito entre romanos e judeus zelotas, e dar substância para a personagem de Barrabás, elas são completas fabricações; introduzidas no filme mais para ficar de acordo com os códigos das épocas de 1950 e 1960 do que com os Evangelhos."*[xliv]

Igualmente Jon Solomon pensa como momentos inaceitáveis do filme a excessiva valorização do papel de Barrabás (Harry Guardino), e a atuação de Robert Ryan como João Batista, que para ele parece mais algum pregador de Ohio do que *"a voz que clama do deserto"*[xlv]. Barnes Tatum, entr todos eles, é oque busca a relação poética que aproxima Jesus de Barrabás, como já comentamos anteriormente. Ele percebeu muito bem a necessidade de valorização de Barrabás, tendo em vista a sua contra posição ao papel de Jesus como o Messias da Paz.[xlvi] Ele não perceb o novo significado do papel dado a Judas (em relação direta com o de Barrabás) como uma distorção, mas uma solução nova para o "motivo" que o levou atrair Jesus, coisa que já fizera Cecil B. DeMille em 1927.

Kinnard e Davis, juntamente com Solomon conseguiram fazer elogios à representação dos atores:

"Apesar da representação em King of Kings ser de modo geral excelente, com o ídolo da juventude Jeffrey Hunter (como Jesus), Harry Guardino (como Barrabás), Rip Torn (como Judas), e Siobhan McKenna (como a Virgem Maria) todos realizando boas performances, o efeito geral é atenuado pelo script contra produtivo de Yordan(...).' [xlvii]

Solomon encontra algumas virtudes no filme, como a atuação de Siobhan McKenna, como a Virgem Maria, suplantada, em sua opinião, apenas por Frank Thring que fez um inteligente e diabólico Herodes Antipas. [xlviii] Mas, não nos deixemos equivocar, por boas atuações eles não estavam querendo dizer que gostaram de ter visto o amplo desenvolvimento dado ao papel da Virgem Maria na estória, como podemos observar em Tatum. Ele incomoda-se, pois ela está em todo o filme, assistindo até o Batismo de Jesus por João. Possui uma casa em Nazaré, e lá recebe visitas de João Batista e Maria madalena, identificada com a Mulher Adultera, que desejam saber a respeito do seu impressionante filho[xlix]. Maria, no filme, tem uma onisciência maior do que a de Jesus a respeito de quem ele é e do que lhe irá acontecer. Paradoxalmente, antes de ser crucificado, como um bom filho, Jesus vai visitá-la. Lloyd Baugh lhe faz coro: vê com maus olhos a mãe "Irish" de

Jesus, vivida por Siobhan McKenna, incomoda-o particularmente a onisciência que ela demonstra a respeito da missão do seu filho[i].

Entre as diversas críticas que poderíamos perfilar uma das mais curiosas é a que se faz sobre a mesa da Santa Ceia, curiosamente esta mesa se trata de um Y, de acordo com Nicholas Ray a intenção era a de que Jesus pudesse alcançar todos os discípulos no momento da distribuição do pão e do vinho, por outro lado também simbolizava uma cruz ainda incompleta. Solomon, buscando o rigor histórico assevera que Ray tinha razões para estar cansado do posicionamento à *"La Da Vinci"* de todas as Santas Ceias anteriores, mas que no entanto, o adequado seriam três mesas justapostas formando um U como seria um banquete influenciado pela cultura greco-romana da época. Vê acerto no tipo de pão e nas ervas amargas que são comidas por Jesus e seus discípulos.[ii] Tatum acha a mesa uma das maiores surpresas estilísticas[iii] e Lloyd Baugh não a compreende absolutamente chegando a questionar-se do por que da ausência da mesa tradicional.

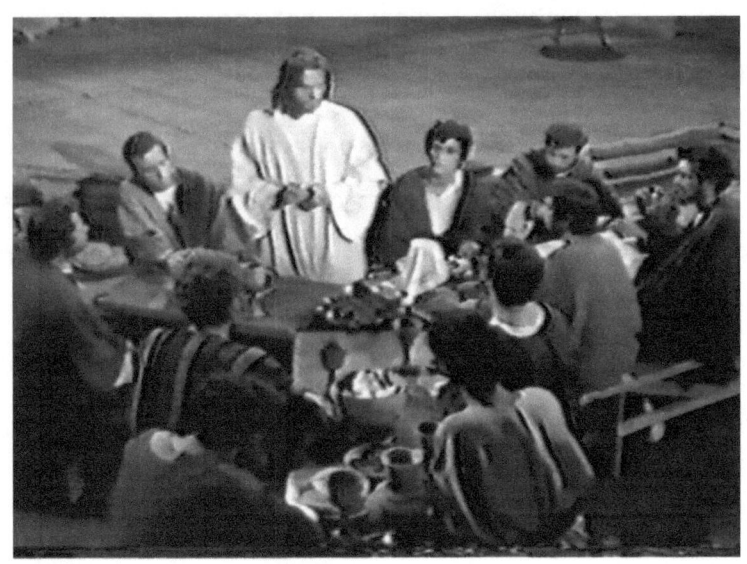

Santa Ceia em "Y"

Como comentado anteriormente a maior prática das críticas dos pesquisadores descende do impacto negativo que este filme teve na imprensa da época. Neste quesito Kinnard e Davis, apesar de serem a referência bibliográfica mais antiga têm bastante claro que:

Apesar de parcialmente justificável, ao menos parte dessas críticas adversas são devidas ao fato de que, em 1962, o ciclo de filmes bíblicos de Hollywood, lançado no início da década anterior, estava quase no final. O público – e especialmente os críticos – estava saturado com os filmes desse tipo. Deixando de lado o texto problemático de Yordan, 'King of Kings' é um bom filme, talvez não tão bem feito quanto poderia ser, mas certamente melhor que muitos outros filmes religiosos e não merecia essas críticas hiperbólicas. Falho conceitualmente, mas inegavelmente sincero, 'King of Kings' tem resistido ao teste do tempo muito bem e parece melhor agora do na época de seu lançamento.[liii]

Essa percepção destes autores parece ter inspirado a de Barnes Tatum, que também leva em consideração a má vontade da crítica para a realização de mais um épico naquele momento, ainda mais sobre Jesus Cristo. Ele foi recebido com franca hostilidade. Viram-no como mais um exemplo de "péssimo cinema". Depois ele descreve a recepção do filmepor diversas revistas e jornais. Brendan Gill no The New Yorker, 21 de outubro de 1961, descreveu-o como "um chato", como uma espécie de "Parada do Dia de Ação de Graças"[liv].

O repórter não identificado da Time (27/10/1961), dá-lhe méritos no *"precisamente organizado e competentemente roteirizado"* roteiro de Philip Yordan, mas a revista acabou tocando no mais indelicado sub-título pelo qual o filme se tornaria conhecido nos círculos de conhecedores de filmes: *"Eu fui um Jesus adolescente."* O crítico também não identificado da revista NewsWeek (30/101961) elogiou Nicholas Ray por levar à tela um elenco enorme de milhares de atores, maior do que o de seus predecessores, mas o mesmo repórter ainda rejeitou o produto final do filme como *"um longo, lento e estático filme...."*[lv].

E Tatum termina por lembrar que não apenas os críticos de cinema especializados foram implacáveis, como também o foram os da imprensa religiosa:

> Os repórteres das lideranças protestantes e católicas eram não menos agressivos. Tom F. Driver do The Christian Century (11/11/1961) imaginou uma conversa entre um repórter e um crítico, e na resposta do crítico à pergunta de como ele deveria caracterizar o filme, ele disse: "Como a versão King James de E o Vento Levou..." e o crítico imaginário ainda continua, classificando os olhos azuis de Jesus como sendo verdadeiramente americanos; e Jesus "um bom garoto" que antes de ser crucificado visita a sua mãe Irish para pedir permissão.[lvi]

Mas, sem dúvida a opinião mais lembrada pelos pesquisadores é de Moira Walsh, em seu artigo de 21 de outubro de 1961, pouco depois do lançamento do filme, e cada um deles cita a sua parte predileta.

Kinnard e Davis escolheram o seguinte trecho: *"Não há a menor possibilidade que alguém tire do filme alguma mensagem significativa do que a vida e o sofrimento de Cristo significam para nós... É óbvio que Bronston, Ray e Yordan não tem opinião sobre o tema de Cristo exceto que ele é um assunto 'quente' de bilheteria".* [lvii]

Barnes Tatum, sempre bastante acurado em suas percepções acerta em sua escolha:

Moira Walsh do semanário Jesuíta América (21/10/61), conclui que o filme engana em sua capacidadede reforçar o "humanismo secular" ou o "American way of life" sob o pretexto da estória central de Jesus. O filme, ela diz, "iguala o código moral cristão com termos tais como decência, fraternidade, a regra áurea", com "Pegue seu cartão de crédito e siga-me." Ela obviamente vê no filme não péssimo cinema, mas péssima teologia. [lviii]

E, aqui eu digo que acerta na escolha por que, depois de tudo o que se disse aqui, é claro que Moira Walsh tinha sua razão ao afirmar a vinculação de *King of Kings* com o "American Way of Life" percebendo claramente neste o sub texto americanista, adaptado às novas realidades sociais. E, Lloyd Baugh, o mais recente dos pesquisadores citados, para concluir concorda com Moira Walsh *ipsis literis*: *"(...) e ele criou uma distorcida e inaceitável imagem de Jesus Cristo."* [lix] Ao fazê-lo alinha-se por razões teológicas com as críticas de Moira Walsh: *"Histórica, bíblica e teologicamente inadequado."* [lx]

Novamente é Tatum quem consegue perceber que o que incomoda a todos, principalment os católicos é a ausência da culpa dos judeus em relação à crucificação de Jesus Cristo, observando:

Anteriormente DeMille, em 1927, já havia feito a culpabilidade recair toda sobre Caifás, e não sobre o povo judeu. No filme de Bronston ouviremos

Pilatos afirmar e reafirmar 'Eu,e somente eu, tenho a autoridade para sentenciá-lo à crucifixão...' O julgamento perante Pilatos é feito na ausência de judeus e até mesmo sem Barrabás. Jesus morre, aparentemente sendo condenado pela específica acusação de sedição.[lxi]

Tatum lembra que essa discussão na imprensa católica aconteceu bem antes do Concílio Vaticano II (de 1965) que se pronunciou sobre os judeus como Povo de Deus: *"Nostra Aetate (Nossa época). Este documento rejeitou a noção de culpabilidade coletiva dos judeus pela morte de Jesus e que Deus, por isso, haveria rejeitado os judeus."* [lxii]

O que podemos observa após essa rápida revisão do pensamento dos pesquisadores e da recepção do filme na época de seu lançamento é uma certa falta de percepção para a inovação que o filme *King of Kings* significou para o gênero Filmes de Cristo. Trata-se sobretudo de como elaborar uma narrativa cinematográfica à respeito da estória de Jesus, e, uma narrativa cinematográfica tende a curvar-se diante de necessidades puramente cinematográficas. Essa busca pelo cinematográfico é uma marca de *King of Kings*, não obstante, talvez exatamente por ter sido produzido num momento em que o formato épico já caminhava para o esvaziamento ele foi extremamente mal recebido. É importante que se reavalie este filme a partir do seu caráter inovador e não a partir da crítica que orecepcionou na década de sessenta. Só se pode ter uma exata noção das suas inovações e do que elas fizeram pela narrativa da estória de Jesus no Cinema, se se tiver em conta um grande número de produções anteriores, de onde ele recolheu influências, heranças, referências, etc, e se se tiver em mente o legado positivo – e por que não acrescentar também o negativo – que deixou para as produções que se lhe seguiram.

Conclusão

Ao final deste percurso devemos pensar no fictício como um elaborador de teologia, é a partir da imagens não contidas nos evangelhos que se permite uma elaboração de uma cristologia com elementos retirados destes mesmos textos. A interpretação do diretor e seu testemunho *"tu és o Messias da Paz"*, e a sua elaboração mais verdadeira, *"tu és um Americano simples do povo"*. Das 57 seqüências que compõe o filme 27 são resultado de completa ficção, normalmente sem bases evangélicas que as sustentem, sem falar de que aquelas cenas mais tradicionais, como o nascimento, a juventude, as curas de Jesus, a via crucis e as últimas recomendações além da própria Ascensão, não representada, sofreram enxugamentos drásticos.

Isto jamais havia ocorrido nem no cinema e nem na televisão. Até então as cenas relativas ao fictício eram bem esparsas, normalmente inconseqüentes para o transcorrer da estória. Nicholas Ray dá continuidade ao estilo das séries de televisão que tentaram trazer para próximo do cotidiano do americano médio o cotidiano da Palestina do século I. "Aproximar" duas realidades tão distintas só poderia gerar percepções distorcidas da história, no entanto, não era história que se desejava fazer, buscava-se que o povo se identificasse com aquelas mesmas pessoas que cercavam Jesus em seu cotidiano.

Em Ray, os elementos que vêm do fictício auxiliam bastante neste papel de "aproximar" Jesus de um público novo. Ele buscou claramente adaptar a estória de Jesus ao momento histórico no qual o filme foi produzido. Neste caso o fictício nas instâncias da técnica cinematográfica rearticula e dá um novo sentido à estória de Jesus e reinterpreta sua ação e mensagem. Tatum estranha este *"Jesus Paz e Amor"*, no entanto se esqueceu que a década que ele fez nascer faria com que os jovens trouxessem constantemente estas palavras nos lábios. A geração hippie, que provavelmente viu *King of Kings* na infância ou adolescência aprendeu rápido o significado deste Jesus novo. Um Jesus pacifista.

Bibliografia

AGEL, Henri. *Estética do Cinema*. São Paulo, Ed. Cultrix, s.d.e.

ALMEIDA, Milton José de. *Cinema Arte da Memória*. Campinas: Ed. Autores Associados, 1999.

ALMEIDA, Milton José de. *Imagens e Sons - A nova cultura oral*. S. Paulo: Cortez Editora, 1994.

ANDREW, J. Dudley. *As Principais Teorias do Cinema – Uma Introdução*. Rio de Janeiro: Jorge Zahar, 1989.

ARAÚJO, Vicente de Paula. *A Bela Época do Cinema Brasileiro*. São Paulo: Ed. Perspectiva, 1985. 2ª ed.

AUMONT, Jacques, *A Estética do filme*. Campinas: Papirus, 1995.

AUMONT, Jacques. *A Imagem*. Campinas: Ed. Papirus, 1995.

AZEREDO, Ely. *Infinito Cinema*. Rio de Janeiro: Unilivros, 1988.

BARBARO, Umberto. *Elementos de Estética Cinematográfica*. Rio de Janeiro: Ed. Civilização Brasileira, 1965.

BARDY, G. & TRICOT, A. (org). *Le Christ: encyclopedie populaire des connaissances christologiques*. Paris :Bloud et Gay, 1935, c1932.

BAUGH, Lloyd. *Imaging the Divine - Jesus and Christ-Figures in Film*. Franklin, Wisconsin: Sheed & Ward, 1997.

BAZIN, André, *O cinema: ensaios /Andre Bazin 1918-1958*, São Paulo: Brasiliense, 1991.

BAZIN, André. "De la politique des auteurs", in: *Cahiers du Cinéma*, n° 70, abril de 1957.

BAZIN, André. *A Politica dos Autores: entrevistas com Jean Renoir, Roberto Rossellini, Fritz Lang, Howard Hawks, Alfred*

Hitchcock, Luis Brunel, Orson Welles, Carl T. Dreyer, Robert Bresson, Michelangelo Antonioni. Lisboa: Assirio e Alvim, 1976.

BEDOUELLE, Guy. *Du Spirituel dans le Cinéma.* Paris: Les Éditions du CERF, 1985.

BÉGUIN, Marcel. "Petite histoire de la cote morale" in: *CinémAction – Revue de cinema et de télevision.* Conde-sur-Noireau: Editions Corlet, 1996. N° 80.

BENEDITE, Leonce [et al.]. *The gospels in art: the life of Christ by great painters: from Fra Angelico to Holman Hunt.* London: Hodder & Stovghton, 1904.

BENJAMIN, Walter. *Magia e Técnica, Arte e Política: ensaios sobre literatura e história da cultura.* S.Paulo: Ed. Brasiliense, 1994.

BERNARDET, Jean-Claude. *O Autor no Cinema.* São Paulo: Ed. Brasiliense/Edusp, 1994.

Bíblia – Tradução Ecumênica. São Paulo: Ed. Loyola, 1997. 5ª. ed. p. 1837.

BLACK, Gregory D. *The Catholic Crusade Against the Movies, 1940-1975.* Cambridge: Cambridge University press, 1998.

BOWSER, Eileen. *The Transformation of Cinema: 1907-1915.* New York: Charles Scribner's Sons, 1990.

BRUNETTE, Peter. *Roberto Rossellini.* Berkeley/Los Angeles/London: University of California Press, 1996.

BURCH, Noel. *Práxis do Cinema.* S.Paulo: Ed. Perspectiva, 1992.

BURGERSS, Anthony. *O Homem de Nazaré.* Rio de Janeiro: Ed. Nova Fronteira, 1982.

BURKE, Peter. *A confissão e o Perdão*. São Paulo, cia das letras, 1991.

BURKE, Peter. *A Escrita da História* - Novas perspectivas. S.Paulo: Ed. Unesp, s.d.e.

BURKE, Peter. *Uma História do Paraíso*. Lisboa: Terramar, 1992.

BURTON, Ernest W. *The Life of Christ : An Aid to Historical Study and a Condensed Commentary on The Gospels*. Chicago: Univ. of Chicago, 1904.

CANNEVACCI, Massimo. *Antropologia da Comunicação Visual*. S. Paulo, Ed. Brasiliense, 1990.

CARNES, Mark, *Passado imperfeito. A história do cinema*. Rio de Janeiro: Record, 1995.

CARPENTER, Hunmphrey. *Jesus*. Lisboa: Publicações D. Quixote, 1982.

CAUGHIE, John (org). *Theories of Authorship*. Londres/Nova York: Routladge, 1996.

CAVALCANTI, Alberto, *Filme e Realidade,* Rio de Janeiro: Artenova/Embrafilme, 1977.

CHARLESWORTH, James H. *Jesus Dentro do Judaísmo: Novas revelações a partir de estimulantes descobertas arqueológicas*. Rio de Janeiro: Imago Ed., 1992.

COHN, Haim. *O Julgamento e a Morte de Jesus*. Rio de Janeiro, Imago Ed., 1994.

Colin Crisp no artigo 'The Rediscovery of Editing in French Cinema, 1930-1945'. In: T. O'Regan & B. Shoesmith eds. *History on/and/in Film*. Perth: History & Film Association of Australia, 1987.

COSTA, Flávia Cesarino. *O Primeiro Cinema*. São Paulo: Editora Página Aberta, 1995.

COUVARES, Francis G. Org. *Movie Censorship and American Culture*. Washington, London:Smithsonian Institution Press, 1996.

CROSSAN, John Dominic. *Quem Matou Jesus?* Rio de Janeiro: Imago Ed., 1995.

CULLMAN, Oscar. *Cristologia do novo Testamento*. São Paulo: Editora Líber, 2001.

CURRAN, James & PORTER, Vincent. *British Cinema History*. London: Weidenfeld & Nicolson, 1983.

DANIEL, Roberto Francisco. *Cinema Uma Experiência Mística*. Bauru: Edusc, 1998.

DELEUZE, Gilles. *A Imagem-Tempo*. s.l.p.: Ed. Brasiliense, 1995.

DONINI, Ambrogio. *História do Cristianismo – das origens a Justiniano*. Lisboa: Edições 70, sd.e. (1975 a italiana)

DUBOIS, Philippe. *O Ato Fotográfico e Outros Ensaios*. Campinas: Ed. Papirus,

DUNAN, Françoise; SPIESER, Jean-Michel & WIRTH, Jean. *L'Image et La Production Du Sacré*. Paris: Meridiens Klincksieck, 1991.

EISNER, Lotte, *A Tela demoniaca,* São Paulo: Paz e Terra, 1985.

ELIADE, Mircea. *O Sagrado e o Profano: a essência das religiões*. S. Paulo, Ed. Martins Fontes, 1992.

ELIADE, Mircea. *Origens*. Lisboa, Edições 70, 1989.

Fabris, Mariarosaria, *O Neo–Realismo cinematográfico italiano*, São Paulo: Edusp, 1996.

FERRARO, Benedito. *Cristologia: Como compreender a vida, a prática, a morte e ressurreição de Jesus, O Cristo, Senhor, Libertador*. Campinas: Ed. Pucc-Campinas, 2000.

FLÁVIO JOSEFO: Uma Testemunha do Tempo dos Apóstolos. S. Paulo, Ed. Paulinas, 1986.

FONTETE, François. *História do Anti-Semitismo*. Rio de Janeiro: Jorge Zahar Editor, 1989.

FRIEDRICH, Otto. *A Cidade das Redes – Hollywood nos Anos 40*. São Paulo: Cia das Letras, 1989.

GABLER, Neal. *Vida – O Filme – Como o entretenimento conquistou a realidade*. São Paulo: Cia das letras, 1999.

GAUNTIER, Gene. Blazing the Trail in: *Woman's Home Companion*, Volume 55, Number 10, October 1928.

GEADA, Eduardo. *Cinema e Transfiguração*. Lisboa, Livros Horizonte, s.d.e.

GEADA, Eduardo. *O Cinema Espetáculo*. Lisboa, Edições 70, s.d.e.

GEADA, Eduardo. *O Poder do Cinema*. Lisboa: Livros Horizonte, 1985.

GOGUEL, Maurice. *Au Seuil de L'Evangile Jean-Baptiste: la tradition sur Jean-Baptiste, le bapteme de Jesus, Jesus et Jean-Baptiste, histoire de Jean-Baptiste*. Paris: Payot, 1928.

GOMBRICH, Ernst H. *A História da Arte*. Rio de Janeiro: Ed. LPC, 1995. 16ª ed.

GREENSTEIN, Jack M.. *Mantegna and Painting as Historical Narrative*. Chicago; London: Univ. of Chicago, 1992.

HAMAN, Adalberto-G. *Para Ler Os Padres da Igreja*. S. Paulo: Ed. Paulus, 1995.

HASSNAIN, Fida. *Jesus, A Verdade e a Vida*. S. Paulo: Madras Ed., 1999.

HOLLOWAY, Ronald. *Beyond the Image: Approaches to the Religious Dimension in the Cinema*. Geneva: Oikoumene, 1977.

ISAAC, Jules. *Jesus e Israel*. S. Paulo: Ed. Perspectiva, 1986.

IWERSEN, José Augusto. *Cristo no Cinema - Visões de amor, paz, dor e.... espetáculo*. São Paulo: Nova Sampa Diretriz Editora Ltda. (Roy Kinnard e Tim Davis: *Divine Images: A History of Jesus on the Screen*. New York: Citadel Press – Carol Publishing Group, 1992).

JOHNSON, Paul. *Tempos Modernos: O mundo dos anos 20 aos 80*. Rio de Janeiro: Biblioteca do Exército Ed. & Instituto Liberal, 1994.

JOLY, Martine. *Introdução a Analise da Imagem*. Campinas, Papirus ed., 1996.

KINNARD, Roy & DAVIS, Tim. *Divine Images: A History of Jesus on the Screen*. New York: Citadel Press - Carol Publishing Group, 1992.

KOSZARSKI, Richard. *An Evening's Entertainment: The Age of The Silent Feature Picture -1915/1928*. In: Harpole, Charles. org. History of The American Cinema. vol. 3. Berkeley, Los Angeles, London: University of California Press, 1994.

KRACAUER, Siegfried, *De Caligari a Hitler. Uma história psicológica do cinema alemão,* Rio de Janeiro: Zahar, 1988.

LABAKI, Amir. *Folha Conta 100 anos de Cinema*. Rio de Janeiro: Imago Editora, 1995.

LABAKI, Amir. *O Cinema dos Anos 80*. S. Paulo: Ed. Brasiliense, 1991.

LACASSIN, Francis. *Pour Une Contre-Historie du Cinèma*. Paris: Institute Lumière/Actes Sud, 1994.

LE GOFF, Jacques. *O Nascimento do Purgatório*. Lisboa: Estampa, 1993.

LELOUP, Jean-Yves. *O Evangelho de Maria - Míriam de Mágdala*. Petrópolis, Ed. Vozes, 1998.

LENHARO, Alcir. *Nazismo - O Triunfo da Vontade*. São Paulo: Ed. Ática, 1988.

LEONE, Eduardo. *A Vida de Cristo no Espírito Santo*, in: *Revista USP*/Dez/Jan/Fev, 1990-91.

LYOTARD, Jean François. *O Pós-Moderno*. Rio de Janeiro: Ed. José Olympio, 1990.

MACHADO, Arlindo, *Pré-cinemas e Pós-cinemas,* Campinas, Papirus, 1997.

MARITAIN, Jacques. *De la grace et de l'humanite de Jesus*. Bruges (Belgica): D. Bruwer, 1967.

MARSH, Clive & ORTIZ, Gaye. org. *Explorations in Theology and Film*. Massachusetts, Blakwell Publishers Inc., 1997.

METSGER, Martin. *História de Israel*. São Leopoldo, Ed. Sinodal, 1984.

MILLER, Jonathan. *As Idéias de McLuhan*. S. Paulo: Ed. Cultrix, 1973.

MITRY, Jean. *Esthétique et Psychologie du Cinema – Il les Formes*. Paris: Editions Universitaires, 1965. Vol. 1.

MITRY, Jean. *Histoire du Cinema - Art et Industrie – vol. 1 (1895-1914)*. Paris: Editions Universitaires, 1967.

MORIN, Edgar. *As estrelas. Mito e sedução no cinema*. Porto Alegre: José Olympio

MUSSER, Charles "*The Emergence of Cinema: The American Screen to 1907.*" in: HARPOLLE, Charles org. History of the American Cinema. Berkeley/Los Angeles/London: University of California Press, s.d.e.

MUSSER, Charles. *"Passions and The Passion Play"*, in: Francis Couvares, *Movie Censorship and American Culture*, Washington, London: Smithsonian Institution Press, 1995; e vide também: Charles Musser, *The Emergence of Cinema: The America Screen to 1907*, Berkeley, Los Angeles, London: University of Califórnia Press, 1998.

NAZÁRIO, Luiz. *O Cinema Industrial Americano*. S. Paulo: Nova Estela, 1987.

NAZARIO, Luiz. *Pier Paolo Pasolini*. São Paulo: Editora Brasiliense, 1982.

NEUSNER, Jacob. *Um Rabino Conversa com Jesus: um diálogo entre milênios e confissões*. Rio de Janeiro, Imago Ed., 1994.

NICHOLS, Bill (org.) *Movies and Metods*. Berkeley/Londres:University of California Press, 1976.

NIETZCHE, Friedrich. *Anti-Cristo*. Lisboa: presença & Martins Fontes, s.d.e.

NOGUEIRA, Carlos Roberto F. *O Diabo no Imaginário Cristão*. São Paulo: Ed. Ática, 1986.

NOVAES, Adauto. *O Olhar*. São Paulo: Cia das Letras, 1997. 6ª. Ed.

O Novo Testamento de Nosso Senhor Jesus Cristo e O Livro dos Salmos. Rio de Janeiro: Sociedade Bíblica do Brasil, 1974. Tradução portuguesa de João Ferreira de Almeida.

OLIVA, Margarida. *O diabo no "Reino de Deus"*. São Paulo: Musa Ed., 1997.

OURSLER, Fulton. *A maior historia de todos os tempos: (a vida de Cristo)*. São Paulo: Melhoramentos, s.d.e.

PAPINI, Giovanni. *Storia di Cristo*. Firenze :Vallecchi, 1921.

PARAIRE, Philippe. *O Cinema de Hollywood*. S. Paulo: Martins Fontes, 1994.

PARENTE, André. *Narrativa e Modernidade – Os cinemas não-narrativos do pós-guerra*. Campinas: Papirus, 2000.

PEÇANHA, Dóris Lieth Nunes. *Movimento Beat - Abordagem literária, sócio-histórica*. São Paulo: Ed. Brasiliense, 2000.

PELIKAN, Jaroslav. *A Imagem de Jesus ao Longo dos Séculos*. S. Paulo, Cosac e Naify, 2000.

PITASSI, Maria Cristina. (org). *Le Christ entre orthodoxie et lumieres: actes du colloque tenu a Geneve en aout 1993*. Geneve: Droz, 1994.

RAMOS, Lincoln org. *Fragmentos dos Evangelhos Apócrifos*. Petrópolis, Ed. Vozes, 1988.

RAMOS, Lincoln org. *O Drama de Pilatos*. Petrópolis: Ed. Vozes, 1991.

REICH, Wilhem. *Psicologia de Massas do Fascismo*. São Paulo: Martins

RÉMOND, René. *Histoire de France – Notre Siècle de 1918 à 1991*. Paris: Fayard, 1991. Vol. 6. Nova edição aumentada.

REYNOLDS, Hebert. "From the Palette to the Screen: The Tissot Bible as Soucerbook for From the Manger to the Cross", p. 275-310 in: *An Invention of the Devil? Religion and the Early Cinema. Une Invention du Diable Cinéma de Premiers Temps et Religion*. Edited by Roland Cosandey, André Gaudreault, Tom Gunning. Sante Foy, Canada: Les Presses de l'Université Laval, 1992.

RITTAUD-HUTINET, Jacques. *Le Cinéma des Origines – Les Frères Lumière et Leurs Opérateurs*. Seyssel, Editions du Champ Vallon, 1985.

ROSENFELD, Anatol. *Cinema: Arte & Indústria*. São Paulo: Ed. Perspectiva, 2000.

ROSENSTONE, Robert A. *Revisioning History*. New Jersey: Princenton University Press, 1995.

ROSENSTONE, Robert A. *Visions of the Past – The challenge of film to our idea of history*. Cambridge/London: Harvard UniversityPress, 1996.

ROSSELINI, Roberto. *Fragmentos de uma autobiografia*. Rio de Janeiro: Nova Fronteira,1992.

ROSZAC, Theodore. *A contracultura: Reflexões sobre a sociedade tecnocrática e a oposição juvenil*. Petrópolis: Ed. Vozes, 1972.

SADOUL, Georges. *A História do Cinema Mundial*, Lisboa: Livros Horizonte, 1970.

SADOUL, Georges. *El Cine – Su historia y su técnica*. México: s.c.e., 1950.

SADOUL, Georges. *História do Cinema Mundial*. Lisboa: Livros Horizonte, 1983. V.1.

SANT'ANNA, Affonso Romano de. *Estoria dos sofrimentos, morte e ressurreição do Senhor Jesus Cristo na pintura de Emeric Marcier*. Rio de Janeiro: Edições Pinakotheke, 1983.

SCHATZ, Thomas. *O Gênio do Sistema – A Era dos Estúdios em Hollywood*. São Paulo: Cia das Letras, 1991.

SCHWEITZER, Albert. *The Quest of The Historical Jesus: A critical study of its progress from Reimarus to Wrede*. New York: MacMillan, 1950.

SIMMON, Scott. *The Films of D. W. Griffith*. Cambridge: Cambridge University Press, 1996.

SOLOMON, Jon. *The Ancient World in the Cinema*. New Haven and London: Yale University Press, 2001. Edição revista e ampliada da primeira edição de 1978.

STEINBERG, Leo. *La sexualite du Christ dans l'art de la renaissance et son refoulement modern*. Paris: Gallimard, 1987.

STERN, Richard C. et all. *Savior on the Silver Screen*. New York/Mahwah: Paulist Press, 1999.

STULP, Eligio. *A cruz de Cristo escândalo e loucura ou poder e sabedoria de Deus*. Rio de Janeiro: E. Stulp, 1990.

SUETÔNIO. *A Vida dos Dozes Césares*. Rio de Janeiro: Ediouro, s.d.e.

TARDY, Michel. *Os Professores e as Imagens*. S. Paulo: Ed. Cultrix, 1976.

TATUM, W. Barnes. *Jesus at the Movies – A Guide to the First Hundred Years*. Santa Rosa, California: Polebridge Press, 1997.

TRICCA, Maria H. O. org. *Apócrifos os Proscritos da Bíblia*. S. Paulo: Ed. Mercuryo, 1989.

TRICCA, Maria H. O. org. *Apócrifos os Proscritos da Bíblia*. S. Paulo: Ed. Mercuryo, 1990. Vol. 2.

TRUFFAUT, François. "Une certaine tendance du cinéma français", in: *Cahiers du Cinéma*, n° 31, janeiro de 1954.

TUDOR, Andrew. *Teorias do Cinema*. Lisboa: Ed. 70, s.d.e.

VANOYE, Francis. *Ensaio sobre a análise fílmica*. Campinas: Papirus,

VAUCHEZ, André. *La Espiritualidad Del Occidente Medieval*. Madrid, Catedra, 1995

VIANY, Alex. *Introdução ao Cinema Brasileiro*. Rio de Janeiro: Ed. Revan, 1993.

VIRILIO, Paul. *Guerra e Cinema*. São Paulo: Ed. Página Aberta, 1993.

WALSH, Frank. *Sin and Censorship - The Catholic Church and the Motion Picture Industry*. Yale University Press, New Haven & London, 1996.

XAVIER, Ismail (org.) *O Cinema no Seculo*. Rio de Janeiro: Imago, 1996.

XAVIER, Ismail. *D. W. Griffith: o nascimento de um cinema*. São Paulo: Brasiliense, 1984.

XAVIER, Ismail. *O Discurso cinematográfico - A opacidade e a transparência*. Rio de Janeiro: Paz e Terra, 1977.

XAVIER, lsmail (org). *A Experiência do Cinema: Antologia*. Rio de Janeiro: Ed. Graal Embrafilme, 1983.

ZEFFIRELLI, Franco. *Zeffirelli – A autobiografia de Franco Zeffirelli*. Rio de Janeiro: Editora Guanabara, 1986.

Filmografia

A Paixão de Lehar (Kirchner, França, 1896).

The Horitz Passion Play (John Hurd/Lumiéres, França/EUA, 1897).

The Passion Play of Oberammergau (Henry C. Vincent/Eden Musee/Edison, EUA, 1898).

The Passion Play (Sigmund Lubin, EUA, 1898).

Jésus devant Pilate (Alice Guy/Gaumont, França, 1898), também conhecido nos Estados Unidos por *The Passion*.

Christ Walking on the Water (Méliès, França, 1899).

The Passion Play (Luigi Toppi, Itália, 1900).

O Judeu Errante (Méliès/Star, França, 1904).

La Vie et la passion de Jésus Christ, (Ferdinand Zecca/Pathé, França, 1905), também conhecida como: *Life and Passion of Christ* (1905) e *La Passion de Notre-Seigneur Jésus Christ* (1905).

La Vie du Christ (Alice Guy/Gaumont, França, 1906), também conhecido nos Estados Unidos como *The Birth, the Life and the Death of Christ* (1906).

Ben-Hur (Sidney Olcott/Kalem, EUA, 1907).

Jerusalem in the Times of Christ (Sidney Olcott/Kalem, EUA, 1908).

Salome (Vitagraph, EUA, 1908).

The Star of Bethlehem (Edison, EUA, 1908).

Vida paixão e Morte de Nosso Senhor Jesus Cristo (Zecca/Pathé, França, 1906/1914/1921) como foi conhecido no Brasil; nos Estados Unidos ele foi conhecido através de diversos nomes, pois foi ampliado várias vezes e relançado todas elas: *The Life and Passion of Jesus Christ* (1908); *The Life of Our Savior* (1914) e *Behold the Man!* (Spencer Gordon Bennet/Pathé, 1921).

From the Manger to the Cross (Sidney Olcott/Kalem, EUA, 1912) também podia ser encontrado como *Jesus of Nazareth*.

Intolerance (D. W. Griffith, EUA, 1916).

Ben-Hur (Fred Niblo/MGM, EUA, 1926).

The King of Kings (Cecil B. DeMille, EUA, 1927).

The Last Days Of Pompeii (RKO, Itália, 1935).

Golgotha (Julien Duvivier, França/EUA, 1935).

El Martir Del Calvário (M.M. Martinez/Oro Filmes/Gonzalo Elvira R., México, 1939).

Quo Vadis? (Mervyn Leroy/MGM, EUA, 1951).

I Beheld His Glory (John T. Coyle/Cathdral Films, EUA, 1952).

Salomé (William Dieterle/Columbia, EUA, 1953).

The Robe (Henry Koster/20th Century Fox, EUA, 1953) conhecido no Brasil como O Manto Sagrado.

Demetrius and the Gladiators (Delmer Daves/20th Century Fox, EUA, 1954).

Day of Tiumph (Irving Pichel e John T. Coyle/Cathedral Films, EUA, 1954).

Marcelino, Pão e Vinho (Ladislao Vajda, Espanha, 1954).

El Beso de Judas (Francisco Rabal, Espanha, 1956).

The Big Fisherman (Frank Borzage/Buena Vista/Disney, EUA,1959)

Ben-Hur (William Wyler/MGM, EUA, 1959).

King of Kings (Nicholas Ray/MGM, EUA, 1961) conhecido no Brasil por Rei dos Reis.

Barabbas (Richard Fleischer/Columbia, EUA, 1962) conhecido no Brasil pelo mesmo nome.

Il Vangelo Secondo Mateo (Pasolini/Titanbus/Arco/Lux, Itália/França, 1964) conhecido também como *The Gospel According to St. Matthew*.

The Greatest Story Ever Told (George Stevens/United Artists, EUA, 1965) conhecido no Brasil como *A Maior História de Todos os Tempos*.

Godspell (David Greene/Columbia, EUA, 1973)

Jesus Christ Superstar (Norman Jewison;Universal, EUA, 1973)

Il Messia (Roberto Rosselini/RAI-TV, Italia, 1974, lançado em 1978 póstumamente)

Jesus of Nazareth (Franco Zefirelli/Lew Grade/ITC/RAI-TV p/ NBC, Itália, 1977)

Monty Python's Life Of Brian (Terry Jones/Warner Bros, Grão Bretanha, 1979)

Jesus (Peter Sykes/John Heyman/Warner Bros, EUA, 1979)

The Fourth Wise Man (Michael Ray Rhodes ,EUA, 1985)

The Last Temptation of Christ (Martin Scorsese/Universal, EuA, 1988)

Jesus of Montreal (Dennys Arcand;Max F. Int./Gerard Mital Prod., Canadá/França, 1988)

La Inchiesta (Damiano Damiani/Sacis Internacional, Itália, 1987) também conhecido por *The Inquery*.

A Child Called Jesus (Franco Rossi/Leone Films, Itália, 1989)

The Judas Project (James H. Barden. EUA, 1994)

Matthew, The Story of Jesus (Regardt Van Der Bergh/Paris Vídeo, EUA, 1995) conhecido no Brasil como *O Evangelho Segundo Mateus*.

Mary, Mother of Jesus (Kevin Connor, EUA, 1999)

The Miracle Maker (Stanislav Sokolov/Derek Hayes/Icon Entertainement, EUA, 2000) conhecido no Brasil como *O Fazedor de Milagres*, trata-se de uma Animação.

The Passion of the Christ (Mel Gibson, EUA, 2004).

Maria, Mãe do Filho de Deus (Moacyr Góes, BR, 2004).

Webliografia

Todos os sites abaixo foram acessados novamente entre os dias 16 e 18 de janeiro de 2005.

http://cri.histart.umontreal.ca/grafics/bonimentPublications.html

http://encinematheque.net/acteurs/H9/F.htm;

www.unomaha.edu/~www.jrf/index.html;

http://www.cinedic.ovh.org/filmo/d/duvivier_julien.htm

http://entertainment.msn.com/celebs

http://www.imdb.com/name/nm0828419/bio

http://turnerclassicmovies.com

http://entertainment.msn.com/movies

http://fr.encyclopedia.yahoo.com/articles/ma/ma_2863_p0.html#ma_2863.14

http://freespace.virgin.net/alasdair.y/CENSORS.htm

http://frenchfilms.topcities.com/index2.html

http://geocities.yahoo.com.br/divinamestra/hyperlink1.html

http://soledade.sulminas.com.br/soledade/misterio.html

http://www.albany.edu/writers-inst/index.html

http://perso.club-internet.fr/sebmarx/gabin_sunlight.html

http://rd.yahoo.com/M=224039.2439672.3862715.2374493/D=movies/S=7824607:HEAD2/A=1263501/R=1/

http://us.imdb.com

http://us.imdb.com/Name?Duvivier,+Julien.

http://us.imdb.com/SearchBios?Christophe+Greseque

http://www.allmovieguide.com

http://www.americancatholic.org

http://www.amigosdopresepio.com

http://www.amps.net/newsletters/issue21.htm

http://www.cate.rcts.pt/producao_audiovisual/acorianos_cultura/acorianos_cultura.htm

http://www.apledgefulfilled.com

http://www.ckrumlov.cz/uk/region/histor/t_pasije.htm

http://www.corbis.com

http://www.bifi.com.fr

http://www.cinemanet.com.br

http://www.cinemanet.com.br/cineastas/zeffirelli.htm

http://foxfilm.terra.com.br/filme.php?modo=texto&conteudo=extra&id_secao=254&id_filme=478 .

http://www.cpdoc.fgv.br/dhbb.htm

http://www.Cristonet.com http://www.imdb.com

http://www.ecrannoir.fr/stars/legendes/feuille.htm

http://www.filmsdefrance.com

http://www.frenchfilms.topcities.com/jgabin

http://www.geocities.com/Broadway/Stage/6255/alw.htm

http://www.cinemaemcena.com.br/crit_cinefilo_filme.asp?cod=2921&codvozcinefalo=3656

http://www.historia.presse.fr

http://www.iesanetwork.com/cinestudio/historique/historie_1.html

http://www.jrf.com

http://www.kinema.com.br/diretores/duvivier_p.htm

http://www.mdle.com/ClassicFilms/contact.htm

http://www.movieencyclopedia.com

http://www.museudapessoa.com.br

http://www.newadvent.org/cathen.html

http://www.pime.org.br/pimenet/mundoemissao/atualidpresepio.htm

http://www.secrel.com.br/jpoesia/poesia.html

http://www.silentsaregolden.com/reviews.html

http://www.silentsmajority.com

http://www.turnerclassicmovies.com

http://www.vaticano.com

http://www.wheaton.edu/bgc/archives/GUIDES/327.htm#3

http://www.wheaton.edu/bgc/archives/archhp1.html .

http://www.widescreenmuseum.com/oldcolor/technicolor3.htm

http://www.yahoo.com

http://www1.folha.uol.com.br/folha/especial/2002/mostrabrdecinema
/ http://whiplash.net/forceframe.html?/traducoeslist.mv?registro=108

http://www.unomaha.edu/~www.jrf/index.html

---

[i] Exceção feita aos filmes que tratam apenas dos episódios relativos à Paixão.

[ii] Moira Walsh foi articulista do semanário Jesuíta América, suas opiniões e críticas deram importante balizamento para o público católico americano. Sua atuação se estendeu entre o final dos anos 50 e início dos 70, Tatum, p. 85.

[iii] Tatum, p. 85.

[iv] Tatum, p. 75.

[v] Philip Yordan, nascido em 1914, de uma família de imigrantes poloneses, foi um dos mais talentosos e enigmáticos roteiristas dos anos 50 e 60, senhor de uma carreira multifacetada, que ainda não é de todo conhecida pelos historiadores de cinema, começou sua carreira escrevendo para o diretor William Dieterle, e com ele notabilizou-se pela capacidade de salvar roteiros que poderiam redundar em fracasso. No período da Lista negra de Hollywood, onde vários roteiristas foram impedidos de trabalhar por terem sido acusado de ligação com os comunistas, através do acirrado Macartismo, Yordan teve uma importante atuação, dando

emprego para muitos deles, no entanto, também costuma ser acusado de assumir créditos que não lhe pertencem, inclusive por Johnny Guitar. – vide Bruce Eder no site http://www.allmovieguide.com , de onde saíram parte destas informações.

[vi] Kinnard e Davis, p. 106.

[vii] Vide site All Movie Guide, em matéria do articulista Bruce Eder.

[viii] Infelizmente não possuo dados que esclareçam quais são as cenas rodadas por este diretor.

[ix] essa informação foi retirada do conhecido site Turner Classics Movie, sob responsabilidade do articulista Paul S. Steinberg. Acesso realizado em 22/07/2004.

[x] Críticos que escrevem para *Les Cahiers du Cinema*, importante revista francesa especializada em cinema, fundada na década de cinqüenta por André Bazin e que forneceria importantes elementos para a formação da chamada "Nouvelle Vague", entre os quais François Truffaud.

[xi] Vertente originada com François Truffaud em seus artigos em Les Cahiers Du Cinema, que insistia em buscar as marcas de um "autor" dentro de um filme, normalmente o seu diretor, que acabav assim sendo marcado por um estilo. Para estes críticos, mesmo que o diretor não tivesse direito ao corte final do filme, ou mesmo à edição isso não era tão importante, pois a "marca autoral" poderia ser encontrada desde um posicionamento de câmera específico até a forma de mostrar o conteúdo de uma cena.

[xii] Infelizmente por me faltar subsídios musicais não poderei ao longo da tese comentar adequadamente a evolução e o desenvolvimento das trilhas sonoras desenvolvidas para os vários Filmes de Cristo, o que realmente é uma perda. Miclos Rozsa estáentre os mais importante compositores de música para cinema, e justamente a trilha de *King of Kings* é uma de suas obras mais ouvidas e divulgadas até hoje.

[xiii] O filme analisado trata-se da cópia *Rei dos Reis (King of Kings),* distribuído no Brasil pela MGM/Warnner Home Vídeo, com 168 miutos de duração, em cores, no formato VHS.

[xiv] Sobre Judas Iscariotes:

"Em segundo lugar. A figura do traidor: um dos 'doze' possuído por Satanás (S. Lucas, XXII, 3), Judas, dito o Iscariotes. O que se entenderia verdadeiramente por este nome, que se presta às interpretações mais estranhas? Uma variante, que se encontra nos códigos D e N, ambos bastante importantes, decompõe o nome em 'Isch-Kariot', o homem de Kariot. Mas tal localidade não existe. Do ponto de vista filológico, é possível que se trate da transcrição semítica do latim 'sicarius', nome dado aos zeloti. Será talvez o eco da desilusão de um dos discípulos, devido à insurreição falhada? Ou estaremos em face de um administrador corrupto, como se afirmou, que conseguiu chegar á caixa comum do grupo e foi sensível à atracção dos 'trinta dinheiros'?" pág. 85. Ambrogio Donini, História do Cristianismo – das origens a Justiniano, Lisboa: Edições 70, sd.e. (1975 a italiana)

[xv] Ambrogio Donini formou-se em História da Religião em 1929, era ativista do Partido Comunista Italiano, que em 1939, tendo em vista o avanço da política fascista na Itália enviou-o para os Estados Unidos. Lá ele lecionou no *Jefferson School* de Nova York entre 1943 e 1945, no entanto, naquele país ele continuou sua atividade política sendo que chegou mesmo a ser preso em 1941, sendo libertado pela ação pessoal de Roosevelt. Posteriormente voltou à Itália lecionando na Universidade de Roma. Publicou vários títulos importantes ao longo de décadas, mas os que mais nos interessam aqui são: *Le basi Sociali del cristianesimo primitivo*, Roma em 1946, *I Manoscritti ebraici del mar morto e origini del cristianesimo*, Roma em 1957, estes dois livros constituíram-se em parte importante da sua obra chave História do cristianismo, publicada em 1975. É importante perceber que este conhecido autor publicava e atuava politicamente de forma intensa e é razoável se pensar que algum dos roteiristas pode ter entrado em contato com o seu trabalho, principalmente se tivermos em mente que Diego Fabri era um importante escritor italiano.

[xvi] Sica é o nome dado ao pequeno punhal que os Zelotes usavam sob as vestes, daí o nome Sicários.

[xvii] Donini, p. 40.

[xviii] Minha intenção aqui não é pretender saber o que as pessoas têm em sua mente, mas fazer uma afirmação relativa ao "senso-comum".

[xix] Vide cap. 04.

[xx] Vide cap. 06.

[xxi] Vide cap. 04

[xxii] Baugh, p. 24. Baugh percebe como uma fraqueza do filme a não exploração dos milagres de Jesus. Nota também que as três curas realizadas não possuem significado teológico algum, o que limita a percepção da qualidade messiânica de Jesus.

[xxiii] Vide cap. 03.

[xxiv] Vide cap. 07.

[xxv] Sobre Barrabás

"(...), finalmente, Pôncio Pilatos, que 'lava as mãos' de tudo e que, para não deixar condenar um inocente, propõe a substituição de Barrabás por Jesus. Mas este nome, que significa em aramaico 'filho do pai', é na realidade o duplicado de um título messiânico. É apresentado como um bandido anti-romano 'preso durante a sedição' (S.Marcos, XV, 7). Qual sedição? Seria também ele um 'zelota'?

De qualquer modo, Pilatos coloca Barrabás ao mesmo nível de Jesus. Sabemos até que uma variante do texto de S. Mateus, XXVII, 17, o trata por 'Jesus Barrabás'. Na evocação de todos o episódio, cruzam-se várias tradições." Pág. 86. Ambrogrio Donini, História do Cristianismo – das origens a Justiniano, Lisboa: Edições 70, sd.e. (1975 a italiana).

[xxvi] Kinard e Davis, p. 105.

xxvii O jurista e historiador Israelita Haim Cohn, em seu extenso livro *O Julgamento e a Morte de Jesus*, nos dá diversas informações históricas bastante corretas á respeito das Leis Romanas, do comportamento de Pilatos e dos judeus da época de Jesus. Vide principalmente o cap. 1 "Os Romanos" p.27.

xxviii Segundo Haim Cohn: "(...) a reivindicação de ser rei de uma província sob domínio romano importava em insurreição e alta traição:era, pela *Lex Iulia maiestatis* originalmente decretada por César em 46 a.c. e redecretada por Augusto em 8 a.c. , um crime capital conhecido como *crimen laesae maiestatis*, o crime de lesar a majestade do imperador. Essa lesão compreendia não apenas a traição propriamente dita, mas também todas as insurreições e levantes contra o domínio romano,deserção das forças romanas, usurpação dos poderes reservados ao imperador ou a seus nomeados, e todos os atos destinados a ameaçar a segurança de Roma, do imperador ou dos governos nas províncias." p. 192.

xxix Vide cap. 5.

xxx Tatum, p. 82.

xxxi Baugh, p. 21.

xxxii Baugh, p. 20.

xxxiii Ao referir-me assim ao questionamento de Baugh penso sobre qual imagem de "semita"que vem à mente dele. A região de onde, hipoteticamente, Jesus teria se originado era a Galiléia. Famosa nos textos evangélicos por ser tratada como "algo de bom pode vir da Galiléia" e a referência é justa para os que viviam na Judéia, pois entre todas as regiões que compunham a Palestina daquela época a Galiléia era a que tinha sofrido o maior número de invasões, desterros, colonizações (persas e gregos), etc. Então, não seria de se surpreender que Jesus tivesse um semblantes bastante diferente do semita desejado por Baugh; nãoque eu paticularmente defenda qualquer imagem dele.

xxxiv Georges Gharib, Os Ícones de Cristo – História e Culto, p. 60.

xxxv Gharib, p. 60.

xxxvi Gharib, p. 65.

xxxvii Kinnard e Davis, p. 106.

xxxviii Baugh, p. 20.

xxxix Baugh, p.20.

xl Tatum, p. 82.

xli Solomon, p. 184.

xlii Tatum, p. 76.

xliii Kinnard e Davis, p. 106.

xliv Baugh, p. 19.

xlv Solomon, p. 184.

xlvi Tatum, p. 80.

xlvii Kinnard e Davis, p. 106

xlviii Solomon, p. 184.

[xlix] Tatum, p. 80.
[l] Baugh, p. 19.
[li] Solomon, p. 184.
[lii] Tatum, p. 78.
[liii] Kinnard e Davis, p. 107.
[liv] Tatum, p. 84.
[lv] Tatum, p. 84.
[lvi] Tatum, p. 84.
[lvii] Kinnard e Davis, p. 106
[lviii] Tatum, p. 85.
[lix] Baugh, p. 19.
[lx] Baugh, p. 19.
[lxi] Tatum, p. 85.
[lxii] Tatum, p. 85.